情報爆発時代のスポーツメディア

報道の歴史から解く未来像

滝口隆司 著

創文企画

はじめに

　スマートフォンを手にサッカー・ワールドカップ（W杯）の情報にアクセスする。「スポーツナビ」のアプリを開き、2018年ロシア大会の決勝トーナメント1回戦、日本対ベルギーの試合を調べてみると、試合経過、戦評、テキスト速報、スタッツ（試合統計）、チームの紹介、基本フォーメーション、過去の試合結果、各選手のプレースタイル、生年月日、出身地、身長・体重、所属クラブ履歴など、ありとあらゆる詳細な情報が十分すぎるほど表示されている。これらはかつて、専門雑誌を買わなければ手に入らない情報だった。

　同じくスマホで「TVer（ティーバー）」というアプリを開けば、すべての試合のダイジェスト版を動画で見られる。民放テレビ局が共同開発したTVerでは、通常はテレビ放送したドラマなどを期間限定でアップしているが、W杯期間中は「FIFAワールドカップ」というコーナーも設けており、今や文字だけでなく、スマホで動画を見るのも当たり前になった。スマホというパーソナル・メディアは明らかに我々の生活を変え、TwitterやFacebookでは、一般のファンが試合の感想を大量に発信している。一方の既存メディアも、テレビではスポーツ番組に加えてワイドショーがW杯の映像を繰り返し流し、新聞はW杯面を特設し、一面、社会面にも記事が飛び出して情報は飽和状態である。

　我々は今、このような「情報爆発」の時代に生きている。その中にあって、スポーツをどう伝えるべきなのか。どんな情報が求められているのか。何を報じるべきなのか。スポーツ報道に25年近く携わってきたが、疑問は日増しに膨らむ一方である。

　ロシア大会に出場した日本代表選手の所属クラブを調べると、23人中、15人が海外クラブの所属である。20年前、日本代表が初出場した1998年フランス大会の時は、全員がJリーグの所属だった。フランス大会の後、ベルマーレ平塚に所属していた21歳の中田英寿がイタリア・セリエAのペルー

ジャに入ったのを皮切りに、選手は次々と海外のクラブを目指すようになった。

野球もしかりである。1995年、近鉄からロサンゼルス・ドジャースに野茂英雄が移籍した後、日本プロ野球の一流選手は米大リーグ挑戦の道を選ぶようになった。イチロー、松井秀喜、松坂大輔、ダルビッシュ、田中将大、大谷翔平。野球界のメジャー移籍もサッカーと同時期に起きた現象である。

これらの動きとメディアの変革は密接な関係にある。1990年代後半から衛星放送が世界的に普及し、欧米のスポーツチームが国際市場から巨額のテレビ放送権料を手にし、各国の選手をかき集めたのである。その流れに沿って、日本の選手の海外流出が始まった。

個人競技においても、テニスやゴルフといったプロスポーツの選手は海外ツアーを転戦し、国内にいる時期の方が短い。五輪競技の選手たちもシーズンを通して、五輪出場権に関わるランキングポイントを稼ぐため、国際試合を渡り歩く。

この20年余りでプロスポーツの世界はグローバル化した。選手がより大きな舞台を求めるのは素晴らしいことだが、困ったのはメディアである。各メディアはニューヨークやロンドンに記者を常駐させたり、主要都市に通信員を置いたりしたが、これだけでもすべてはカバーできなくなってきた。スポーツの世界的拡大が、スポーツ記者に限界を迫っている。

選手たちもメディアとは距離を置き、インターネットを使って自ら発信するようになった。サッカーの中田が29歳にして現役引退を発表したのは、2006年W杯ドイツ大会の1次リーグで日本が敗れてから10日後のことである。中田は自身の公式ホームページ「nakata.net」に引退の経緯と理由を説明する長文を掲載した。

　　俺が「サッカー」という旅に出てからおよそ20年という月日が経った。8歳の冬、寒空のもと山梨のとある小学校の校庭の片隅からその旅は始まった。(略)この旅がこんなに長くなるとは俺自身思いも寄らなかった。(略)半年ほど前からこのドイツワールドカップを最後に約10年間過ごしたプロサッカー界から引退しようと決めていた。何か特別な出来事が

あったからではない。その理由もひとつではない。今言えることは、プロサッカーという旅から卒業し〝新たな自分〟探しの旅に出たい。そう思ったからだった。

　文章のタイトルは「〝人生とは旅であり、旅とは人生である〟」（毎日新聞2006年7月4日朝刊）。ホームページにアップされたコラムのような引退発表文をスポーツ紙だけでなく、全国紙の多くも全文掲載した。
　読んでみると、中田がマスコミを意識せず、ファンに語りかけているかのようなくだりが出てくる。「みんなからのmailをすべて読んで、俺が伝えたかった何か、日本代表に必要だと思った何か、それをたくさんの人が理解してくれたんだと知った。それが分かった今、プロになってからの俺の〝姿勢〟は間違っていなかったと自信を持って言える」。この一節が示すように、中田は何度も「みんな」という言葉を使い、マスコミ向けではなく、ファンに直接語りかけるように文章を綴っている。
　結局、中田は記者会見を開くことなく、この発表をもって現役を引退した。1998年フランス大会から3大会連続してW杯に出場した日本代表の柱として、歴史に残るサッカー選手である。しかし、ジャーナリストからの質問を受ける機会を設けず、インターネット上で引退表明をして、その後は海外をめぐる旅に出てしまった。
　なぜ中田が記者会見を開かなかったのか。その理由を考えることは興味深い。雑誌『Number』の初代編集長、岡崎満義は次のような文章で中田の引退発表の仕方を論評している。

　　引退発表が記者会見という形でなく、彼のホームページだった、というのが、いかにもマスコミ嫌いといわれた中田らしい、と思った。これは将来、スポーツ選手の取材のむずかしさを予感させる行為だ。不勉強で不正確な、ときにウソも混じる記事を書くジャーナリストの取材を受けるより、自分のナマの声をストレートに読んでもらえるホームページがあれば、それで十分。中田はそう考えていたように思う。これはジャーナリストにとって、はなはだ厄介な問題だ。これから、スポーツ選手

の中にホームページ派がふえていくのではないか。既存メディアにとって、由々しき問題である。客観的取材、という基本が揺らぐからである。（岡崎，2006：第3段落）

　スポーツ選手や芸能人がホームページを開設して、その場で重要事項を発表するのが通例となり、近年はブログやSNS（ソーシャル・ネットワーキング・システム）がそのような発表を行う場となっている。
　五輪の場合、大会期間中は、アスリートがジャーナリスト活動をすることは禁じられている。対戦相手の誹謗中傷などが起きる恐れもあるからだ。五輪憲章の第48条「オリンピック競技大会のメディアによる取材・中継」の付属細則3に「いかなる状況のもとでもオリンピック競技大会の期間中、選手、コーチ、役員、プレスアタッシェ、あるいはその他の資格認定を受けた参加者は、ジャーナリストまたはその他のメディアの資格で活動してはならない」と規定されている。
　つまり、大会中は新聞にコラムを書いたり、テレビに出て解説したりするようなことは許されていない。それと同時に、かつてはインターネットで発信することも規定に抵触すると見られていた。ところが、2008年北京五輪から国際オリンピック委員会（IOC）はアスリートたちのブログを解禁した。ブログはあくまで個人的な日記という解釈である。これに続き、TwitterやFacebook、Instagramなどについても問題がなく、最近のIOCはSNSの活用を推奨しているほどである。
　トップアスリートの発信が五輪の露出を上げ、価値を高める。特に若者への情報伝達は、新聞やテレビよりもSNSの方が効果的という判断である。こうして、アスリートの考えはマスメディアを介さなくてもファンに届くようになった。
　芸能界でも結婚、妊娠、離婚、不倫などさまざまなトピックがニュースになる。それが芸能ジャーナリズムのネタである。しかし、今では芸能人も自ら発信することによって記者会見を開かない傾向が強まっている。これによって芸能ジャーナリズムは衰退し、芸能リポーターたちもかつてに比べてめっきり減っている。

はじめに

　スポーツは「する人」「みる人」「支える人」によって成り立っている、といわれる。競技者や愛好者は「する人」であり、競技場の観客やテレビの視聴者は「みる人」、審判や競技団体の役員、ボランティアの人たちは「支える人」といえるだろう。

　ならば、スポーツメディアはどこに位置づけられるか。それぞれを結びつける役割を考えれば、三角形の中心に「伝える人」として配置してもいい。スポーツの歴史において、メディアはその発展に少なからず影響を与えてきた。だが、スポーツ文化の将来を考える時、情報伝達の技術が著しいスピードで変化する中で、メディアは今の役割をいつまでも担っていけるだろうか。

　アスリートも読者も発信する時代になり、「伝える人」であるジャーナリストの顔が見えなくなってきた。専門性に乏しい記者と取材を毛嫌いするアスリート。おまけにトップ選手の多くが海外を転戦し、それを追いかけるのにも限界がある時代だ。「する人」と「伝える人」の溝が広がれば広がるほど、スポーツ・ジャーナリズムは衰退の危機にさらされる。既に一部のメディアでは人工知能によるスポーツ報道の開発を進める動きがあり、生身の人間が伝えることの意味を真剣に考える時期にきている。

　ジャーナリズムの機能は多様であるが、米国の著名なジャーナリスト、ビル・コヴァッチとトム・ローゼンスティールは、共著『ジャーナリズムの原則（THE ELEMENTS OF JOURNALISM）』の中で、「ジャーナリズムは表面上変化したにもかかわらず、三〇〇年以上前に『プレス』という認識が登場して以来、その目的は必ずしもとげられないにしても不変でありつづけている」と前置きし、シンプルにこう言い切っている。

　　ジャーナリズムのそのものの目的は、市民の自由、そして自治に必要な情報を市民に提供することである。（コヴァッチら，2002：pp.12-13）

　コヴァッチらの言説をスポーツ報道に置き換えてみれば、「スポーツ・ジャーナリズムのそのものの目的は、市民がスポーツを行い、楽しみ、幸福を追い求める自由と自治に必要な情報を提供する」ことになるのかもしれない。ただ、スポーツの楽しみといっても、五輪やW杯といった巨大イベントで

大騒ぎすることだけではない。スポーツに対する圧力や不正を排除し、自由と自治のための情報を伝達することもジャーナリズムに不変の役割ではないか。

　スポーツメディアをめぐる近年の流れを過去の歴史に照らし合わせ、それらをつなげて分析していった。最近のスポーツ報道がどこか表層的だと感じる背景には、必ず明確な理由があるはずだ。そんな思いで過去のジャーナリストたちの文献を読みあさり、現在の状況を探ってみた。そこに「メディアの変革」というキーワードを当てはめてみると、時代ごとの分類が浮かび上がってくる。

　メディア環境が激変する中で、情報の流れはマスコミから読者・視聴者へ、ではなくなった。だれもが情報を発信し、それが「爆発」したかのように拡散する。では、プロであるべきジャーナリストたちは、メディア企業は何をなすべきか。スポーツを扱う専門記者に居場所はあるのか。本書を通じ、この問い掛けに少しでも答えが見いだせればと考えている。

情報爆発時代のスポーツメディア
―報道の歴史から解く未来像―
目　次

はじめに…1

第 1 章　スポーツ報道の歴史的概観…9

第 2 章　ロボット化する記者の仕事―進化するデジタル時代―…13
第 1 節　五輪報道に人工知能…13
第 2 節　競技現場にも機械化の波…22
第 3 節　DAZN と J リーグの巨額契約…27
第 4 節　Twitter からの発信を模索する記者…30
まとめ…36

第 3 章　スポーツ・ジャーナリズムの夜明け―新聞・ラジオの時代―…39
第 1 節　学生野球の父…39
第 2 節　五輪の哲人…46
第 3 節　女性スポーツの先駆者…49
第 4 節　競技者が記者でもあった時代…54
第 5 節　ラジオ中継初期…57
まとめ…61

第 4 章　娯楽の追求…63
第 1 節　毎日新聞きっての名文家…63
第 2 節　報知新聞の「激ペン」…67
第 3 節　朝日新聞が伝えたプロ野球…70
第 4 節　テレビとスポーツの相性…73
まとめ…76

第 5 章 Number 創刊の衝撃―スポーツ総合誌の隆盛―…79

第 1 節　江夏の 21 球…79
第 2 節　初代編集長…83
第 3 節　直木賞作家が書くスポーツ…86
第 4 節　私ノンフィクション…90
まとめ…94

第 6 章 メディアとスポーツの関係―政治・商業主義の対峙―…97

第 1 節　スポーツ記者の批判精神…97
第 2 節　世界の現場を知る…101
第 3 節　スポーツを殺すもの…105
第 4 節　日本的環境とメディアの矛盾…109
まとめ…113

最終章 新時代に向けて…117

第 1 節　スポーツ報道の発想転換…117
第 2 節　アカデミズムとジャーナリズムの融合…123
第 3 節　提言…126

注…131
引用・参考文献…133
引用・参考ウェブサイト…137
年表・スポーツと日本メディアの歴史…141
おわりに…147

第1章

スポーツ報道の歴史的概観

　日本におけるスポーツ報道の歴史を簡単にたどってみたい（詳細は巻末の年表参照）。明治時代の 1881 年、大相撲の記事が郵便報知（現スポーツ報知）や東京日日（現毎日新聞）に掲載されたのが初期の記録として残っており、その後、各紙が野球や五輪にも報道の範囲を広げていった。戦後は相次いでスポーツ新聞が創設され、テレビもスポーツ中継に力を入れ始める。

　スポーツ・ジャーナリズムのあり方について、本格的に議論が始まったのは 1970 年代からである。国立国会図書館の所蔵文献でも、戦前や戦後間もない頃のスポーツ・ジャーナリズムのあり方を論じた記事や書籍はほとんどみられない。しかし、1964 年東京五輪を経てスポーツの大衆化が進み、メディアがスポーツを積極的に取り上げるようになってからは、さまざまな社会問題が起きるようになってきた。

　1970 年 8 月の『新聞研究』では「スポーツ・ジャーナリズムの再検討」という座談会が行われている。ここで司会者の日本新聞協会編集主管、浅野修が「スポーツ・ジャーナリズムがスポーツの世界を虚像化したということは言えませんか。選手にしてもファンにしても、スポーツという美名あるいは美徳みたいな中に閉じ込めて一つの虚像世界をつくり上げた」（浅野・本阿弥ら，1970：p.37）と指摘する。当時はプロ野球西鉄の選手が八百長に絡んだ「黒い霧事件」[1]をはじめ、スポーツ界のさまざまな問題が露呈した時期である。

　浅野はこう問題提起している。

　　活字ジャーナリズムがスポーツを虚像化した原因の一つには、たとえ

ばテレビの出現があげられると思います。テレビがスポーツ中継の画面を通して人間ドラマを非常に強く大衆に訴えますね。それがテレビの速報性と密着した形で対峙していなかければならない新聞の運動部とスポーツ紙のあり方を、若干変えてしまったのじゃないか、そのあたりに虚像をつくり上げた大きな原因があるのじゃないか。（同前）

テレビの登場によって活字メディアが変質し、メディアがスポーツを美化した結果、スポーツ界に問題が噴出してきたといえるのだろう。こうした問いに対し、座談会に出席した読売新聞の運動部長、本阿弥清は重要な指摘をしている。

10年前の新聞は、ベテラン記者の技術指導で読ませていたのです。これは野球にしても水泳にしても、全部そうです。指導的なものを載せて、スポーツはこうあるのだと、技術的な面にもふれながら報道した。ところが近年になって、読者の要求にこたえながら紙面が急速に変わって、そういう面での報道が後退してきたわけです。一言でいえば、今はインサイド・ストーリーのほうが主流になってきている。読者がそういうものを読みたいからということで、そちらに比重が移っている。（同前：pp.37-38）

戦前から続いてきたスポーツ報道は、技術指導や精神性に重点を置いたものから、東京五輪後はインサイド・ストーリーによる娯楽に軸足の置き場を変えつつあった。その是非論が生じ始めたといえる。『新聞研究』はさらに5年後の1975年11月号でも「スポーツ・ジャーナリズム」の特集を組み、全国紙の運動部長や編集委員、スポーツ評論家、大学教授、テレビ局編成部長、アナウンサー、スポーツ紙編集局長ら13人が登場して、それぞれが論文や随筆を発表した。その中で、スポーツ・ジャーナリズムの役割を簡単に説明しているくだりがある。元読売新聞記者で評論家の川本信正は「スポーツ面には、『真実』と『娯楽』と『評論』と、この三つの要素が欠かせないと思う」（川本，1975b：p.18）と述べている。

［第1章］スポーツ報道の歴史的概観

　ジャーナリズムの機能を考えれば、事実を報道する「記録性」、読者や視聴者を楽しませる「娯楽性」、事象を評価する「論評性」が挙げられる。これに、指導や教育の機能としての「啓蒙性」も加えていい。

　川本が啓蒙性を挙げていないのは、すでに1975年の時点では新聞のスポーツ面ではそのような機能が薄れていたからかもしれない。技術指導や精神性の啓蒙は消失し、代わって娯楽性が前に出るようになってきた。「スポーツは、楽しむためにある。読者が試合の記事を読むのは、知るためと同時に、楽しむためである」（同前）という川本の言葉は、当時の空気を表している。もちろん、川本もスポーツ・ジャーナリズムが娯楽性だけに終始していていいと考えていたわけではないだろう。スポーツと社会、政治などを論じた記事がもっと必要だと期待していた。だが、時代は娯楽性追求の方向性を強めていったのである。

　1980年代からはスポーツ総合雑誌の創刊・隆盛によって、メディアの範囲がさらに広がっていく。1984年ロサンゼルス五輪は協賛制度の導入によってスポーツの商業化やプロ化を進めるきっかけとなり、スポーツの世界はビジネスと密接な関係を持ち始める。スポーツ中継や番組にも巨額資金が入るようになり、その風潮は新聞にも影響を与え、スポーツはメディアを巻き込みながら、商業化の一途をたどる。1998年には長野冬季五輪が開かれ、同年のサッカーW杯フランス大会に日本代表が初出場。日本メディアは次第に巨大イベント報道に傾斜していくようになる。

　スポーツとメディアは、大衆に対する影響力から政治やビジネスとも密接に関係し、ジャーナリズムとしての位置づけをあいまいなものとしている。たとえば、新聞社は主催スポーツ事業を運営することによって販売を促進し、テレビ局は放送権料という巨額な資金を競技団体やチームに支払うことによって中継の権利を獲得する一方、高視聴率を得て莫大な広告収入を稼いできた。五輪やサッカーW杯になれば、ビジネスだけでなく、政治が強く関与する。こうした構図は、政治報道や国際情勢報道、事件・事故報道にはない特徴といえる。

　スポーツを取り巻く世界が肥大化する中で、スポーツ・ジャーナリズムへの批判も高まった。2004年11月発行の評論雑誌『現代スポーツ評論』では、

「スポーツ・ジャーナリズムへの誘い」という一冊まるごとの特集が組まれた。

共同通信やロイター通信にも所属したことがある早稲田大兼任講師、小田光康はスポーツ・ジャーナリズムの「無批評性」や「過剰報道」を取り上げ、「世界大会での競技に対する視点が日本人選手側だけに偏向し、それをパターン化されたドラマチックな表現で描写する無批判な報道が氾濫している」（小田, 2004：p.40）と手厳しい。さらに小田は「スポーツ・ジャーナリスト」と「スポーツライター」には差異があり、その境界線を論じている。

> 結論的にいえば、この境界は「公共性」だといえる。公共性とは、広く社会一般に利害・影響を持つ性質であり、特定の集団に限られることなく、社会全般に開かれていることを指す。スポーツ・ジャーナリストはジャーナリストであるが故に、市民社会に忠誠を誓い、市民生活との関わりを常に考え、その声を汲み上げる介在者としての意識を持ち、いかなる取材対象からも独立し、自らの視点でコミュニケーションする意思と能力を持つ者である。（同前：p.42）

一方の「スポーツライター」はスポーツを書く人という意味に限定され、そこに思想性が入り込む余地はない。小田が言うように、スポーツ・ジャーナリストとは何か、という議論が行われた歴史はあまりにも浅い。1990年代後半からはインターネットが世界で急速に普及し、ホームページ、ブログ、SNSといった表現媒体が次々と登場して、スポーツに関連する情報が氾濫する中、スポーツ報道は再び過渡期に入った。

次章ではまず、現代の課題を取り上げる。インターネットによる全世界的発信がスポーツ・ジャーナリズムの現場に何をもたらしているのか。人工知能の開発など急速な技術革新がジャーナリストの立場をどう変え、背景で何が起きているのか。そんなテーマから検証していきたい。

第2章

ロボット化する記者の仕事
―進化するデジタル時代―

第1節　五輪報道に人工知能

　2016年のリオデジャネイロ五輪は、スポーツメディアにとっては新たな技術のスタートを意味する大会になった。日経新聞のニューヨーク特派員が伝えた記事によれば、ワシントン・ポスト（WP）紙が五輪報道に人工知能（AI）記者を導入したというのである。記事はこう伝えている。

　　"AI記者"は試合結果やメダル獲得数など、短い原稿を担当。一方で人間の記者は、現場の様子を伝える記事や選手への取材を踏まえた分析記事の執筆にあたり、AIと人間が役割分担する形になっている。（日経新聞電子版：2016年8月13日）

　この記事によれば、AIの記事はWP紙のブログやツイッターに速報系の記事を通常3行程度流していたという。ツイッターでは「@WPolympicsbot」というアカウントで試合結果をこんな風に報じている。
「#BRA wins gold in men's volleyball, beating #ITA」
（Twitter「@WPolympicsbot」2016年8月21日のツイート）
　男子バレーボールでブラジルがイタリアを破って金メダル、という文章である。検索しやすいよう、#というハッシュタグをブラジル（BRA）、イタリア（ITA）の前に付けており、この程度の文章をAI記者が次々と紡ぎ出していく。このほかにも、注目の試合15分前になると、まもなく試合が始

まるというツイートをAIがつぶやく。文章自体は非常に短く、これだけで人間の記者をしのぐ存在になるとはとても思えないレベルといえる。

　AI導入の理由を、責任者の戦略担当ディレクター、ジェレミー・ギルバートは「スポーツ記者を試合結果の速報書きという単純作業から解放し、専門性を生かした深掘りの記事作成に時間を割けるようにするため」と説明している（前掲日経新聞電子版記事）。リオ五輪に投入されたAI記者はWPが独自に開発したシステムだが、米国では各メディアが競い合いながら、AI記者を「育成」している段階である。

平昌では地元聯合ニュースが
　2018年2月に韓国・平昌で開かれた冬季五輪では、地元の聯合ニュースが韓国語で「世界一速い五輪ニュース」をうたい文句にAIによる記事を配信した。現地からこの動きを伝えた日本の共同通信の配信記事（2018年2月19日）によれば、聯合ニュースは、国際オリンピック委員会（IOC）から競技結果のデータを受け、過去に記者が書いた記事のパターンを分析、それを参考にして文体や表現を決めて記事を配信しているという。注目競技や韓国選手が出場している競技を中心に速報し、たとえば、フィギュアスケートの男子フリーが行われた直後には次のような記事を流した。

　　日本の羽生結弦が17日、江陵アイスアリーナで行われたフィギュアスケート男子で317・85点を記録して金メダルを獲得した。フリーは技術点109・55点、芸術点（演技点）96・62点で合計206・17点だった。宇野昌磨が306・90点で銀メダル、スペインのハビエル・フェルナンデスが305・24点で銅メダルだった。

　この文章を構成しているのは、国名、選手名、日付、場所、競技種目、得点、メダルの種類であり、これに助詞や動詞を加えてつなげている。あいまいな要素は何一つなく、客観的データ部分を文章化している。聯合ニュースのAIは、記者の作業を経ることなく、競技終了直後の2月17日午後2時8分に記事を配信した。ここには選手がどのような演技をしたかは全く書かれ

ておらず、表情もコメントも加えていない。だが、IOCが発表した得点を即座に記事化している。これはAIに共通した利点である。米国では選挙報道や金融報道などデータが重視される分野に導入されており、スポーツも同様に考えられているようだ。

東京五輪に向けた「ロボット実況」

平昌冬季五輪の2年後の2020年には東京五輪が開かれる。では、日本のメディアにおけるAI活用はどうなのか。そのテストに取り組んでいるのが、NHKである。

平昌冬季五輪の期間中、NHKは東京五輪での本格活用を見据えた「ロボット実況」に取り組んだ。NHKのウェブサイト内の平昌五輪特設ページでその実況は流された。

対象となったのは、ソリ系の3競技（ボブスレー、リュージュ、スケルトン）とアイスホッケー、カーリング。これらの試合映像に自動で音声と字幕をつけるという世界初の試みである。その一例として、具体的にどのような実況が行われたかを追ってみたい。2月17日に行われたアイスホッケー男子、OAR（ロシアからの選手）対米国の試合である。

> 試合は、60メートル×30メートルのアイスリンクで争われます。スティックで丸く平たいパックを打ち合い、相手キーパーの守る幅1.8メートル、高さ1.2メートルのゴールを狙います。各チーム、キーパーを含めて6人が、同時にリンク上でプレーできます。キーパー以外の選手は、いつでも他の選手と交代できます。試合は20分のピリオドを3回、第1ピリオドから第3ピリオドまで行います。ピリオドの間の休憩は15分。第3ピリオドが終わって同点のときは、予選では最大5分間、サドンデスの延長戦を行います。延長戦でも決着がつかないときは、ゲームウイニングショットで勝敗が決まります。

以上の競技説明が試合前に機械化された音声で放送される。次に先発メンバーや審判、現在の順位を紹介し、「試合はフェイスオフ、レフェリーが落

としたパックを両チームの選手が取り合うプレーで始まります」とのアナウンスで本格的な実況開始である。実際のプレーは展開が速く、AI がなめらかに解説できているとはいえない。シュートの場面では「米国、ガンダーソン選手のシュート。ゴールキーパー、セーブ」と客観的な描写を連ねていく。

開発を担当する NHK 放送技術研究所では、「オリンピックでは OBS（オリンピック放送機構[2])）からの生中継動画に加えて、得点や"ファウル"など試合中に起きた事象がデータとして直ちに配信されます。これをコンピューターで受信し、あらかじめ用意した発話のひな型に埋め込めるように変換して日本語の発話文章を生成します」（NHK 技研だより 2018 年 3 月号）と説明している。実際にはデータ化されないラフプレーをめぐり、乱闘まがいの行為も起きているのだが、AI はうまく対応できていないという状況である。

聯合ニュースのフィギュアスケートの速報と同様、試合の記録として残るデータ的なことは言語化されることが分かる。アイスホッケーではシュート数やゴールキーパーのセーブ数が公式記録として残る。それが実況する際の情報となっている。だが、記録に残らない部分は伝えられないのが現状である。選手の表情や感情、負傷した状況、審判の誤審、天候の急速な変化、スタンドの歓声などは現在の AI には再現できないといえるだろう。

だが、今後は AI のさらなる技術開発が進み、データだけではとらえにくい場面も言語化できるようになるはずだ。メディア企業にとっては、AI 記者活用は人員削減効果があるだけでなく、記者を配置できない試合も報道できるメリットがある。

マイナーリーグの記事は AI で

世界的に記事を配信する米国の AP 通信は 2016 年 7 月 3 日、野球のマイナーリーグの記事を AI によって作成・配信することを発表した。

発表によれば、Automated Insights 社のソフトウエアと MLB Advanced Media のデータを用いて記事を作成するという。対象とするのは、メジャーリーグ（MLB）の下部に所属する 3A、2A、1A などの 13 リーグに所属する 142 チームの試合。AP 通信はこのシステム導入のために専門家を雇用し、

[第2章] ロボット化する記者の仕事

AP通信のスポーツ記者が行かない試合の記事を、データを元に作成するのだという。

「配信される内容は100%正確であることを確かめる必要がある。しかし、ひとたびソフトウエアが適切に設定されれば、正確性の問題はなくなる」（TechCrunch Tokyo 2016年7月4日）というのが、AP通信のスポーツ部門副ディレクター、バリー・ベドランのコメントである。実際に配信するまでに野球記者たちによるチェックを重ね、約1年かけてこのシステムを完成させた。

AIに人間並みの文章が書けるような時代が到来するのか。取材・執筆という人間的な作業をAIが本当に肩代わりできるのか。そう考えると、今は夢物語のようでもあるが、実際には急激なスピードで開発が進んでいる。

高校野球の戦評にも

2018年で第100回の節目を迎えた全国高校野球選手権。その大会途中、朝日新聞は同社のウェブサイト「朝日新聞デジタル」に興味深い記事を掲載した。3回戦からAI記者が試合の戦評記事を書き、それをサイトにアップするというのである。

戦評は文字通り、試合を論評する記事のことをいい、記者によってポイントとなる場面も異なる。本来は記者の目が生かされる原稿のはずである。しかし、時代とともに戦評記事は短くなり、今では試合経過を簡単に説明するものがほとんどといっていい。選手のコメントも付けない。

夏の甲子園は朝日新聞スポーツ部の記者が公式記録員を務めるが、同年からはスコアブックが電子化され、記者以外にデータ入力の担当者もつくことになった。AIはその電子スコアの中から勝敗を左右したような情報を読み取り、まとめて記事化する。瞬く間に150字ほどの記事が完成し、ウェブサイトにアップされるという仕組みである。AI記者の名前は「おーとりぃ」。宣伝文句は「1秒で戦評記事　AI記者活躍中」となっている。

システムを開発したのは、朝日新聞社内のシステム構築などを行っている情報技術本部の研究開発チームである。米スタンフォード大に留学してプログラミングを学んだ40歳の開発リーダーを中心に取り組み、8万件を超え

17

る過去の戦評記事とイニングを組み合わせたデータをAIに覚えさせたという。「初球から」とか「フルカウントで」などスコアブックの細かいデータも生かすほか、「今大会初の」や「2試合連続の」などにも対応可能とされている（朝日新聞DIGITAL, 2018年8月15日）。

では、朝日新聞の「AI記者」と「人間記者」が書いた記事はどう違うのか。あえてどちらの記事かは伏せ、違いを読み取ってもらいたい。取り上げるのは、金足農（秋田）－近江（滋賀）の準々決勝。金足農が3－2で逆転サヨナラ勝利を収めた試合である。

〈記事①〉「金足農は1点を追う九回、無死満塁から斎藤の三前2ランスクイズでサヨナラ勝ち。五回にも佐々木大夢のスクイズで一時同点とした。先発の吉田は7安打、10奪三振の力投。近江は五回から佐合を継いだ林が変化球を軸に好投したが、九回の奇襲に屈した」（同前2018年8月18日）
〈記事②〉「息詰まる投手戦を金足農が逆転サヨナラで制し、準決勝進出を決めた。1点を追う九回、無死満塁から斎藤のスクイズで逆転し、勝負を決めた。先発吉田は被安打7、10奪三振、2失点で4試合連続の完投。近江は四回、住谷の右適時二塁打により先行。六回は北村の三遊間適時打で勝ち越したが、リードを守り切れなかった」（同前）

この試合のポイントは、金足農が九回無死満塁で決めた2ランスクイズである。スクイズで二塁走者までもが本塁を陥れ、一挙2点を奪う奇襲ともいえる珍しい戦術。これをAI記者が書けるかどうか――。

読んでの通り、〈記事②〉は「息詰まる投手戦」と人間っぽい表現を使っているが、実は2ランスクイズは説明されていない。つまり、こちらがAIの記事で、そこまでのデータが蓄積されていないというわけだ。〈記事①〉にある「変化球を軸に好投」といった記者の目で書いた表現もAIの記事にはない。

とはいえ、スコアブックを読み取り、それを言語に変換する高度な能力が備わっているのは驚くべき技術だろう。スコアブックは単に安打や得点を記録するだけではなく、送球がどう渡ったか、打者に打点がつくのか、野手の

[第2章] ロボット化する記者の仕事

失策なのか、投手の暴投か、捕手の捕逸か――など複雑なプレーを記入していく。これを解析し、即座に言語化できるシステムが全国各地に普及すれば、地方支局の記者を全ての球場に配置して戦評を書かせる必要もなくなる。それだけではない。データ蓄積が進めば、この技術は別のスポーツにも応用できるはずで、記録が数値化される他競技なら AI 化の実現は近いだろう。選手のコメントやツイートを戦評に組み込めば、簡単な読み物さえ作成可能かもしれない。2020 年東京五輪・パラリンピックに向けても、注目される動きである。

スポーツ以外の報道でも AI 活用

　スポーツ以外の報道分野でも徐々に AI 化を受け入れている。最近は事件や事故の現場写真や映像に「読者提供」「視聴者提供」のクレジットが付いていることが少なくない。一般の人がスマホを片手に簡単に写真や動画を撮ることができ、それを SNS にアップできるのだから、警察や消防から連絡を受けた記者やカメラマンが現場に到着するよりも早く報じられるというわけだ。

　では、報道機関はどうやって SNS 上の写真や映像を入手しているのか。これまでは記者が Twitter や Facebook などでくまなく検索し、該当する投稿があれば、記者が「友達申請」などをしてメッセージを送り、使用の許可を願い出るという手法だった。

　だが、最近はその検索に AI が使われるようになっている。このサービスを提供するのは「Spectee（スペクティー）」というベンチャー企業である（月刊『事業構想』2017 年 10 月号）。同社は SNS 上の事件や事故に関する情報を AI で発見・配信する。すでに 100 社ほどの報道機関が契約を結んでおり、Spectee の情報を見て現場に急行したり、投稿者にコンタクトを取ったりしている。

　2011 年末に Spectee を起業した村上建治郎代表は、東日本大震災のボランティア経験を通じ、報道機関が現場に入り込めず、逆に住民の SNS 投稿が速報メディア的な役割を果たしていたことを感じていたという。

　2016 年 3 月から本格的にこの事業を始めたが、瞬く間に報道機関に広ま

った。そして、2017年5月にはSNSの情報から自動で記事を作成する技術を特許申請した。4〜5件のSNS投稿を集めて事件や事故に関する300字ほどの記事を作成する技術で、これが実用化されれば、まさに「AI記者」である。

　SNSの投稿だけでどこまでの情報を配信できるのか、といえば、まだ心許ない。報道機関が発信する情報は、警察や消防が現場を調査した事実を基にしており、そこまでをSNS投稿でまかなえるわけではない。とはいえ、火事や交通事故発生の速報であれば、ある程度は可能かもしれない。スポーツ報道における試合の結果速報と同様、AI記者が「人間記者」が行ってきた作業の一部を担うということはあり得る。

　ここで考えるべきは、なぜAIが記者の肩代わりをできると開発者たちは思いついたのか、である。「人間記者」が取り組んできた仕事の一部はすでにロボット化できる。スポーツ報道に話を戻せば、AIができる仕事をやっていては、いつかは職を失うかもしれない。表層的に試合結果を報じるだけなら、ロボットがやってくれる。そんな時代が近い。

AIが文学賞候補に
　日本経済新聞社が主催する文学賞、日経「星新一賞」では、一般部門、学生部門は1万字以内、ジュニア部門では5000字以内の短編小説を受け付けているが、その応募要項の中に、目を引く項目が明示されている。

　　　人間以外（人工知能等）の応募作品も受付けます。ただしその場合は、連絡可能な保護者、もしくは代理人を立ててください。審査の過程において、人工知能をどのように創作に用いたのかを説明して頂く場合があります。（日経「星新一賞」公式ホームページ）

　星新一は、「ショートショート」と呼ばれる400字詰め10枚程度の短い小説形式で名をはせたSF作家だが、その名を冠した「星新一賞」は理系的発想力に重きを置いた文学賞でもあり、賞の協力団体には「人工知能学会」「情報処理学会」「日本ロボット学会」など理系関係の団体が名を連ねている。

2016年の第3回星新一賞にはAIによる11作品の応募があった。このうち、第1次審査を通過した作品を出したのは、公立はこだて未来大学の松原仁教授らが小説創作ソフトの開発を進めている「きまぐれ人工知能プロジェクト作家ですのよ」というチームである。

　このプロジェクトでは、名詞、形容詞、動詞、エピソードといった文や文節をばらばらにして「部品」として多数用意し、あらかじめ決めた「組み立て手順」によってAIが作品を組み立てていくという仕組み（毎日新聞2016年4月5日夕刊）を用いた。作品「コンピュータが小説を書く日」は、AIが小説を書く喜びに目覚めるストーリーだが、プロジェクトで文章生成を担当した名古屋大教授の佐藤理史はこう述べている。

> 　現在のコンピュータは単なる機械で、外部から与えられた命令（プログラム）に従って機械的に動作しているに過ぎません。コンピュータは意識を持ちませんし、自由意志を持ちません。この状況は、しばらく変わらないと思います。（佐藤，2016：p.192）

　しかし、佐藤はコンピュータが創造性を持つ可能性については、「コンピュータが素晴らしい作品を作れば、多くの人びとは、コンピュータが『創造性』を発揮したとみなすのではないかと思います」との考えも示している（同前：p.199）。開発の現段階としては、数千字の文章を作成するプログラムが可能になったというレベルで、長編小説にはまだかなりの労力が必要とのことであるが、「部品」となる日本語表現のストックが大規模になればなるほど、その可能性は広まってくるという。人工知能の能力を司る最も重要なカギは、ストック、いわゆるデータベースといえるだろう。

　囲碁や将棋では棋譜という「データベース」が大量にあり、車の自動運転を開発する自動車メーカーでも多様な道路情報を収集できる機能を車に搭載して開発を進めている。同様に考えていけば、スポーツはデータの宝庫である。

　佐藤はワシントン・ポストがリオデジャネイロ五輪でAI記者の記事を活用したことに関して、「伝える内容が明確で、かつ、文章に典型的なパター

ンがある新聞記事は、機械化が容易です。さらに、量産の必要性もあるので、機械化のメリットも大きいと思われます」と評価する（同前：p.206）。

スポーツ記事のすべてがデータをもとに作成したパターン原稿というわけではないが、速報や結果報道においては、その役割を人工知能に明け渡す日がやがて来るかもしれない。その時に「人間記者」は何をなすべきか。それを本気で考えなければならないだろう。

第2節　競技現場にも機械化の波

競技の現場にも「機械化」の波は押し寄せている。ビデオ判定は数々の議論を経て、各競技で導入されるようになり、実際に微妙な判定はビデオによって再判定し、審判の誤りを即座に正す。

歴史的には大相撲の土俵際の勝負に早くから用いられたことが知られている。1969年夏場所というから、50年近く前の話である。前の場所で大鵬－戸田戦が、いったんは大鵬に軍配が上がったものの、行事差し違えで戸田の勝ちとなり、大鵬の連勝が45でストップしたことが契機となった。実況しているNHKの映像を使い、ビデオで判定してはどうかと導入が決まったのである。

スポーツは人間が行うものであり、審判の誤審も試合の一部である、という考えが支配的ではあったが、スポーツがテレビの世界的普及と衛星放送技術によって国際的な同時性を持ち始めると、テレビで放送されるトップスポーツにおいては、ビデオ判定が受容されるようになった。

テニスやバレーボール、ラグビー、野球などの球技では「チャレンジ」や「リクエスト」という名称で審判の判定に抗議することが許され、ビデオによって確認される。柔道やレスリングなど格闘技でも、大相撲と同じく微妙な判定にはビデオが用いられている。

たとえば、野球の米大リーグ（MLB）では、所属する30チームの本拠地球場にビデオ判定のカメラが各10台以上設置され、判定に抗議があると、その映像をもとにニューヨークにあるMLBのオペレーション・センターで判定が行われる。現場の審判はビデオ判定中、ヘッドセットをつけてニュー

ヨークの声を聞き、最終的な判定を受け入れる。いってみれば、プレーを目の前でジャッジする審判よりも、遠く離れたニューヨークのビデオ判定の方が信頼できるということである。

　サッカーでは、ゴール裏やゴール付近に取り付けたハイスピードカメラによる審判補助システム「ホークアイ（Hawk-eye 鷹の目）」や、ボール内に埋め込まれたチップと審判の腕時計を連動させ、ボールがゴールラインを超えると腕時計に信号が送られる「ゴールレフ（Goal Ref）」など複数のシステムが導入されている。ゴールレフは、競技場内では審判がゴールと判定しているように見えるものの、実際に判定しているのは、ボール内のチップである。これらは2010年のW杯南アフリカ大会で誤審が相次いだため、国際サッカー連盟（FIFA）が導入を決めたゴールライン・テクノロジー（GLT）である。また、2018年W杯ロシア大会では、他競技と同様、ビデオ判定（VAR）も用いられるようになった。

　野球の例に戻れば、MLBの映像をNHKの衛星放送で見ていると、ストライクゾーンを囲む長方形のバーチャルラインと球速が画面に映し出される。これはMLBが導入する「トラッキングシステム」によって映像化されているもので、明らかにメディア向きの仕組みである。トラッキングとは「追尾」を意味し、MLBが各球場に設置したテレビカメラによって、ボールが投手の手から離れてから捕手（打者）に到達するまでの軌道を「追尾」しながらデータ化し、球種や球速、回転数、ストライクゾーンを通過したかどうかなどを判定している。これにより、「手元で消えるスライダー」「キレのあるストレート」というように、あいまいにしか表現できなかったボールの軌道が、「ストレートに比べて平均○○㌢落ちるフォーク」というように、具体的に捉えられるようになった（データスタジアム株式会社，2015：pp.148-149）。

　投球ごとにストライクゾーンを映像で設定することは可能である。だが、実際のグラウンド上では機械的にストライクのコールが行われているわけではない。審判はルールに記されているストライクゾーンを基本線に、自分なりの判断基準を持っている。あくまで「ストライク」は動詞の命令形であり、審判が「打て」と打者に命令しているのである。一方、レベルの高い投手では審判との駆け引きもある。決められたゾーンを通過したボールを機械的に

「ストライク」と判定しているのとは根本的な考えが異なる。

　日本で発行された公認野球規則2015年版の「はしがき」では、ビデオ判定やサッカーのGLTにも触れて、日本野球規則委員会[3]の意見を次のように紹介している。

> 　審判補助システムは、野球で言えば本塁打とかかなり限定的に導入されるべきではなかろうか。人間的要素を排除していくことはひいては審判員の権威の低下につながる懸念があり、導入拡大には慎重であるべきと考える。あくまでテクノロジーは審判員の補助であり、審判員がテクノロジーの補助になってはいけない。審判員は競技場内において試合を主宰する権限を与えられており、行き過ぎた機械依存からは決してリスペクトの気持ちは生まれないのではなかろうか。（2015年版『公認野球規則』）

背景にメディアの拡大

「ビデオ判定」を議論する時、メディアを通じた視聴者を抜きに是非は語れない。2014年にブラジルで開かれたサッカーW杯。FIFAの発表によると、決勝のドイツ対アルゼンチン戦は、全世界で10億人以上が観戦したという。家庭で決勝を20分以上テレビ観戦したのは6億9500万人（前回比12％増）、家庭外で観戦した人も含めると10億人を超えるとみられている（ロイター通信日本版，2015年12月17日）。

　競技場でプレーを生で見ている観客は多くても数万人。だが、テレビを通じて10億人を超える人びとが同時に試合を見ているとすれば、誤審は認められないという理屈に達する。最近はインターネットでのストリーミング放送も始まり、SNSを通じて視聴者がそのプレーに反応する。全世界が注目する試合になれば、影響は計り知れない。

　サッカーW杯では1986年メキシコ大会で起きたディエゴ・マラドーナ（アルゼンチン）の「神の手ゴール[4]」があまりにも有名である。だが、今から30年以上も前の話。もし同じようなプレーが現代のW杯で起きたら、間違いなくビデオで主審の判定は覆るだろう。

[第2章] ロボット化する記者の仕事

　機械的な判定を受容する傾向は、サッカーW杯や五輪など世界的に中継されるようなスポーツにおいて特徴的である。機械で正確さを確保した方が、観客も視聴者も納得する。審判の誤審をおおらかに見過ごすことはできない時代になってきたのである。人間の主観よりも、機械の客観を信用する傾向はますます強まっている。

　だが、機械を補助的に活用するのと、機械にすべてを委ねるのとでは意味合いも異なってくる。日本野球規則委員が「あくまでテクノロジーは補助」という立場を強調しているのと同様、FIFAもビデオ判定をVAR（Video Assistant Referee＝ビデオ補助審判）と呼び、補助的な役割として活用している。

　ビデオの適用は①得点② PK ③一発退場④警告や退場での選手の取り違え──の4点とし、試合結果を左右しそうな場面に限定している。もちろん、現代の技術革新に従えば、機械はあらゆる場面で人間以上に正確な判定をするだろう。だが、審判は試合を司るスポーツの主宰者であり、試合の一員である。試合は対戦する相手同士のみで成り立っているのではない。だから、審判の誤りも試合の一部として許容してきた歴史がある。

　誤りは決して許さないという時代はなんとも世知辛い。もっとおおらかにスポーツと向き合いたいものだが、現実的には報道も審判も、「ロボット化」が進む。ジャーナリストは「人間記者」がやるべき仕事とは何かを追求し、審判はその権威を守りつつ、正確な判定を下す最善の方策を機械も含めて考えるしかない。いわば機能分担である。

「eスポーツ」をどうとらえるか

　コンピューターゲームをスポーツ化した、いわゆる「eスポーツ」の人気が急速に拡大している。欧州ではチェスがスポーツと認められているし、総合競技大会であるアジア大会でも、囲碁や中国将棋が正式競技となったことがある。これらは「頭脳スポーツ」という認識である。その流れで考えれば、eスポーツも人間がコンピューターを使って戦うのだから、現代の「頭脳スポーツ」といえるだろう。

　2018年8月にインドネシア・ジャカルタで開かれたアジア大会ではeスポ

ーツが正式競技ではなく、公開競技として採用された。国体初実施の2019年茨城国体でもeスポーツは「文化プログラム」としての扱いである。時事通信の記事によれば、国体を主催する日本スポーツ協会（旧・日本体育協会）の担当者は「一般的にスポーツの定義は遊戯性、競争性、身体性の三つを備えていることとされている。その中でも、身体性について深く考えていく必要がある」と話しているという（時事通信，2018年6月16日）。スポーツに関わる身体性とは人間そのものだろう。

　だが、eスポーツにはゲーム機メーカーなどビジネスも絡んで、関係業界が新しい市場開拓の場として注目している。今後も人気拡大が予想されるだけに、eスポーツを既存のスポーツの仲間に入れるかどうかは議論のテーマになるに違いない。

　スポーツの語源はラテン語の「デポルターレ（deportare）」である。「（気持ちを）遠くへ運ぶ」という意味から転じて、スポーツは「気晴らし」と解釈されるようになった。我々は今、何をどこまでスポーツと許容するか、線引きは容易ではない。eスポーツがスポーツ報道の対象となった時、記者たちは何をどう書けばいいのか。たとえば、試合がオンラインによる遠距離対決だった場合はどうか。対戦する片方が人間ではなく、人工知能だった場合はどうか。画面上に動くバーチャルの選手を描くのか、それともゲーム機を手にした人間の操作技術や戦術を書くのか。過去に例がないだけに、なかなか難しい問題といえる。

　スポーツは人びとの営みから生まれた、極めて人間的な文化である。2007年、若者を対象にしたユース五輪の創設を決定する際、IOCのジャック・ロゲ会長（当時）は「世界では肥満の人が10億人を超し、子どもたちはテレビゲームに夢中だ」（毎日新聞2010年8月18日朝刊）と現状を批判したが、今や技術革新がスポーツの日常世界に入り込み、それがメディアによって普及・拡大した結果、既存の価値観が揺らぎつつある。記者のAI化が進められるスポーツ報道の世界とも根底で通じる課題といえるだろう。

[第 2 章] ロボット化する記者の仕事

第 3 節　DAZN と J リーグの巨額契約

　2000 年代に入ってからはインターネットが急成長し、テレビをしのぐ勢いである。これを象徴する出来事が 2016 年に起きた。同年 7 月、J リーグが 2017 年から 10 年間の放送権契約をスポーツライブストリーミングサービス「DAZN（ダ・ゾーン）」を運営する英国の「Perform Group」と結んだと発表したのである。放送権料は国内スポーツとしては破格の 2100 億円。J リーグは次のような広報をリリースした。

　　J1 リーグ、J2 リーグ、J3 リーグの全試合が、「DAZN」により生中継されることとなります。DAZN は世界最大級のデジタル・スポーツコンテンツ＆メディア企業である Perform Group によって提供されるライブストリーミングサービスで、その特徴はテレビ、PC、スマートフォン、タブレット、ゲーム機など様々なデバイスを使って、いつでも、どこでも、高画質で中継を楽しめる点にあります。また、J リーグは Perform Group がこれまで世界のスポーツ制作において培ってきた経験と最先端のデジタル技術を共有いただくことで、臨場感溢れる試合中継制作に取り組んでいきます。(J リーグ・プレスリリース，2016 年 7 月 20 日)

　テレビだけではなく、パソコンやスマホなどでの放送にも踏み込んでいるところがこれまでの放送権契約とは異なる部分だろう。しかもこれを仕掛けたのが、外国企業という点に注目したい。
　Perform Group は 2007 年に設立された新しい英国企業だが、スポーツの賭けをオンラインで行うブックメーカーや、世界のデジタルメディアにスポーツ映像やデータを配信するなどして成長してきたメディアである。英国ではスポーツによる賭けは合法であり、ブックメーカーに会員登録すれば、ブックメーカーのサイトでは無料で試合を観戦できる。そういうビジネスモデルで成長してきたメディアが日本にも上陸したのは衝撃的といえる。
　DAZN では月額 1750 円を支払えば、サッカーなら J リーグ、欧州各国リ

ーグ、野球なら米大リーグ、日本の巨人を除く 11 球団、バレーの V・プレミアリーグ、自動車の F1、米プロゴルフツアーなど数千試合以上を観戦できると宣伝している（DAZN 日本版公式ホームページ）。

　全世界をマーケットにビジネスを展開し、ブックメーカーとの関係も保ちながら、人気スポーツの放送権を取得し、自社のコンテンツに加えていく。その手法は、スピードが速く、急展開である。今後の注目は、五輪やサッカー W 杯といった巨大イベントにまで踏み込むかどうかだろう。Perform Group のビジネス手法が浸透すれば、スポーツと賭けをどこまで認めるかという問題も出てくるに違いない。

　日本ではスポーツ界を財政的に振興する公的なくじとして、サッカーくじが 2001 年から認められているが、2013 年からは海外リーグの試合も対象に加えられ、2019 年に W 杯が日本で開かれるラグビーについても、くじの対象に追加することが検討されている。

　衛星放送とインターネットの発達により、メディアが扱うスポーツは海外へと急拡大し、選手の海外移籍も珍しいことではなくなった。一方、日本のスポーツも世界的な賭けの対象になる可能性を含みつつ、外国のネットメディアが巨額の放送権料を振りかざしながら、日本のスポーツ界に進出してきた。既存のスポーツ報道やテレビ中継とは異なるレベルでビジネスが進行している。

放送権料の高騰とスポーツのグローバル化

　五輪で「テレビ放送権料」というものが発生するようになったのは、1960 年のローマ五輪からである。対象はヨーロッパ各国の放送局の統括組織である欧州放送連合（EBU），米国の CBS、日本の NHK の 3 者だった。EBU と CBS はそれぞれ 60 万ドル、NHK は 5 万ドルの放送権料を支払った。当時の為替は 1 ドル＝ 360 円の固定だったから、NHK は 1800 万円を支払ったことになる（間宮，1995：p.103）。

　それから 60 年後の 2020 年には東京で 2 度目の五輪が開かれるわけだが、NHK と日本民間放送連盟の連合体である「ジャパン・コンソーシアム（JC）」は、国際オリンピック委員会（IOC）と、2018 年平昌冬季、2020 年東京、

2022年北京冬季、2024年パリの4大会一括で1100億円の契約を結んだ。内訳は2018年と2020年で660億円、2022年と2024年で440億円となっている（NHK報道資料，2014年6月19日）。

　半世紀を超える間に、スポーツは強大なるテレビの影響を受けて変容してきた。五輪競技もテレビのスケジュールに合わせて競技日程を組み替えたり、競技によってはルールを変更したりした。テレビの放送枠に都合よく収まるよう、それぞれの競技団体がテレビ向けの変更を余儀なくされた。その背景には、テレビ放送権料がスポーツ界の財政を潤わせるという事情があった。

　中でも衛星放送の登場は、地球上の距離を一気に縮め、スポーツにおいては国境の壁を取り払ってグローバル化を推し進めた。1990年代から放送のデジタル化が進み、これによってテレビ界にも新たな勢力が台頭してきたのである。その象徴が、オーストラリア出身で「世界のメディア王」と呼ばれたルパート・マードックだった。

　マードックが率いるBスカイBが英国で本格的に衛星放送を開始したのは1990年11月のことである。メディア企業の買収を続けてきたマードックは有料の衛星放送という新たな市場を英国でスタートさせたのである。放送にはデジタル技術が導入され、多チャンネルで構成された。映画や音楽などとともに、BスカイBの有力なコンテンツとなったのが、スポーツであり、マードックはまず英国で最も人気の高いサッカーに目を付けた。1992年にはプレミア・リーグのライブ放送権を独占取得。これを皮切りにゴルフ、テニス、クリケット、ラグビーなどにも触手を伸ばし、次々と放送権を獲得し続けた。

　マードック流のテレビビジネスは欧州各国に広がった。イタリア、フランス、ドイツなどで有料の衛星放送がスポーツを優良なコンテンツととらえて放送権を獲得。一方、巨額の資金を手にした競技団体やクラブは、海外のスター選手の獲得やスタジアムの新増設などを進めていった。

　さらに欧州市場の統合により、人の移動が自由になった。これに伴い、欧州各国では選手の移籍も自由になり、選手の海外移籍がかつてないほど活発になった。欧州ではイタリアやスペイン、英国のサッカー・リーグが世界最高峰クラスに成長し、各クラブは世界から選手を買うようになった。1998

年にワールドカップ初出場を決めた日本代表の選手たちもその対象となり、イタリア・ペルージャに移った中田英寿ら数多くの選手が欧州に移籍した。

　米国でも野球のMLBが世界市場を目指し、テレビ放送権を海外にも売るようになった。放送権を持つFOXはマードック傘下の放送局である。また、伝統のニューヨーク・ヤンキースも自前のテレビ局「YES（ヤンキース・エンターテインメント・アンド・スポーツ）」を設立し、専門チャンネルでスポーツを放送している。

　こうした動きに連動して、MLBも世界各国から選手を集め、日本からも選手がメジャーに移籍するようになり、スター選手が相次ぎ海を渡った。

　衛星放送を媒介にしたスポーツ界の激動に伴って、従来のスポーツメディアにも大きな変化の時代が訪れた。新聞社や通信社は海外に記者やカメラマンを常に派遣しなければならなくなり、テレビ局も外国の放送局から欧州サッカーや米大リーグの放送権を再販してもらうようになったのである。国内市場に足場を置いてきた日本のスポーツメディアは、グローバル化の波をかぶって、過大な負担を背負わざるを得ない状況に追い込まれている。

第4節　Twitterからの発信を模索する記者

　スポーツ選手だけでなく、メディアの中にもSNSを使って発信する新タイプの記者が増えてきた。中でも異彩を放っているのが、「ふくださん」である。Twitterのフォロワーは14万人を超える（2017年12月現在）。2017年に発表された日刊スポーツの発行部数は166万1828部（日刊スポーツメディアガイド）。スポーツ新聞の読者とTwitterのフォロワーが重なるわけではないが、1人の記者が発行部数の1割近い人数とつながっていることになる。

　発信を続けているのは、日刊スポーツの記者、福田豊。1985年に入社。すでに50代半ばのベテラン記者で、現在はメディア戦略本部デジタル編集部に所属する。Twitterの発信力に興味を持ち、2010年7月にアカウント登録。こまめな発信で次第にフォロワーが増加し、本人は「掲載内容は必ずしも日刊スポーツ新聞社の立場、意見を代表するものではありません」とプロフィール欄で断っているものの、実際には日刊スポーツの記事を紹介するだけで

なく、高校野球やプロ野球の試合経過速報、ドラフト会議の情報などを素早く伝達しており、スポーツ記者のフォロワー数では群を抜く存在感を見せている。

福田はかつて高校野球やプロ野球の取材で腕を上げた記者である。だが、Twitterではその専門的知識を土台にした評論は封印し、ひたすら速報に徹する。テレビでは中継されず、新聞記者も少なく、競技団体のホームページでさえも速報されないような試合の経過を細かく発信する。

中でも驚異的なのはドラフト会議当日のツイートである。指名選手が決まるたびに、その選手のプロフィールを次々とアップしていく。たとえば、こんな形である。

【オリックス育成4位】中道勝士捕手（明大＝智弁学園）175／80、右左キャッチングの正確性に定評のある捕手。高校2年時には4番捕手としてチームをけん引し、夏の甲子園8強（Twitter「ふくださん」2016年10月20日のツイート）

これは2016年10月20日のドラフト会議の終盤、各球団の本指名が終わって育成選手の指名に回った午後8時すぎのツイートである。テレビ中継はもちろん終わり、新聞記者たちでさえ、だれが指名されるかも注目していない時間帯。しかし、次々と指名された選手が発表される中、「ふくださん」は準備していたプロフィールをTwitterの画面に貼り付けていく。いわば読者の求めていそうな情報をただひたすらつぶやく。そのことに懸けているのが「ふくださん」である。

たとえば、東都大学野球リーグの試合結果を知らせる場合のツイートはこうなっている。

東都：東洋大 0 － 1 国学院大（終了）
国学 000001000 ＝ 1
東洋 000000000 ＝ 0
【東】梅津（仙台育英＝152、6回途中アクシデントで降板）片山（大

社＝144）【国】清水（帝京＝145、5安打11K完封）」（前掲アカウント2017年10月10日のツイート）

　国学院大対東洋大の対戦は1－0で国学院大の勝利なのだが、情報はこれだけでは終わらない。東洋大の投手は梅津と片山、国学院大の投手は清水。「仙台育英」や「大社」「帝京」は出身高校であり、カッコ内の数字で示されている「152」や「144」「145」は最高球速。その後には「5安打11K完封」と投球内容まで表示されている。わずか140字という文字数の中にこれだけの情報を盛り込むのは、職人芸ともいえる。

　なぜここまでSNSでの情報発信に邁進しているのか。福田本人にその考えや今後のスポーツ記者像について聞いてみた。

――どんなきっかけでTwitterを始めたのか。
福田　2010年の7月だったが、iPadを会社から渡されて何か野球のことをツイートしてほしいと言われ、個人的にアカウント登録した。最初は野球を見に行って「この投手は球が速い」とか感想をツイートしていたが、最近は事実だけをつぶやくことにしている。（2017年）10月には2196ツイート、11月には1197ツイートした。これらが数字ですぐに分かるようになっている。
――フォロワー14万人は新聞記者としては驚異的な数字だが。
福田　フォロワーだけでなく、インプレッションといって、どれだけの人が自分のツイートを見たかが分かる。2015年は7億4419万人、2016年は10億3343万人が自分のツイートを見た。新聞記事だとどれくらいの人が読んでいるかが分からないが、Twitterだとその統計がすぐに分かるのが面白い。とにかくスピードが求められる。
――年間10億人……。どんなツイートが読まれるのか。
福田　最も読まれるのは、高校野球の夏の地方大会。以前、石川大会の決勝で星稜が九回裏に8点か9点を取って大逆転した試合[5]があったでしょう。あの時は8000とか9000のリツイートがあった。それが過去最多かもしれな

い。ファンは番狂わせを望んでいるところもあるので、春のセンバツで活躍したような強豪の試合をピックアップして速報することもある。負けそうになると、すごい反応になる。私はほとんど現場には行かず、主催者である朝日新聞の速報サイトで情報を追っている。あとはドラフトの時もすごい。1日でフォロワーが1700人も増えたことがある。
——スポーツ紙の新しいあり方として期待できそうか。
福田 いや、Twitterが商売になるのかというと、少なくとも私には1円も入ってこないし、広告もつけていない。広告をつけると商売絡みのツイートもしなくちゃいけないし、読者が嫌がる可能性もある。それに自分がやっている速報処理は、実は一般の人でもできる。私は日刊スポーツに流れるニュースのみしかツイートしないが、一般の人なら何でもやり放題。テレビの映像を映してツイートすることもできる。ただ、問題はニュースの確認や裏取りができないことだと思う。
——海外では？
福田 米国の有名な野球記者たちは、シーズンオフの移籍情報なんかを取材現場からバンバンつぶやく。日本の記者はそれをフォローしながら、最新情報を得ている。大谷がどこに行きそうだとか。本当かどうかは分からないので、「米国のなんとか記者のツイートによると」というようなことわりを入れて記事にすることもある。
——将来、スポーツ報道はどうなると見るか。
福田 Twitterでの発信をしていると、一般の人に負けるのではないか、と考えることがある。ツイートがビジネスになるかどうかは分からないが、情報量やスピードで負けることは十分ある。自分は仕事というより、半分は趣味としてツイートしている部分もあるし、老後も続けていきたい。フォロワーはあくまで会社のものではなく、自分のものだから。

　福田が言うように、速報の世界では、職業的な記者が一般の人に負ける時代が到来しつつあるのかもしれない。インターネットで情報をかき集め、それを速報していく作業は、特にプロでなくともできる。福田が発信する内容は「さすが野球記者」と呼べるツイートが多々あるのだが、本人はそうは感

じておらず、一般の匿名発信者であっても、何十万ものフォロワーを引き連れる存在になれることを示している。

　福田が意見や論評をツイートしないのは、フォロワーが拡大していくにつれて、さまざまな誹謗中傷も予想されるからだという。だから、淡々と事実を伝えていく。

　一方、米国の野球記者のように、自社の紙面やウェブサイトよりも先にツイートする記者が、日本でも増えるかどうかは注目される動きである。SNSでの発信は、スポーツ紙に限らず、全国紙でも奨励する風潮になっており、つかんだ情報はすぐにネット上に流れる時代がそこまで来ている。

積極活用を目指す朝日新聞

　記者によるTwitterに積極的に取り組む新聞社も増えてきた。朝日新聞の公式サイト「朝日新聞DIGITAL」には「記者ページ」のコーナーがあり、160人を超える記者たちのTwitter公認アカウントが表示されている。このうち、スポーツ部の記者やスポーツ関係の編集委員は約20人を数える。

　このような取り組みについて、サイトではこのように説明されている。

　　　朝日新聞社は、新たな発信や読者のみなさんとの対話をめざして、各部門、総局、取材チームなどのグループや、記者個人によるツイッター活用を進めています。さまざまなテーマを取材拠点から、記事の裏話や紙面で紹介できなかった写真も掲載しているほか、さまざまな出来事の実況中継も試みています。（朝日新聞DIGITAL「記者ページ、記事アカウントの紹介」）

　朝日新聞のサイトでは、ソーシャルメディアの規則を設け、サイト内で公表している（朝日新聞DIGITAL「朝日新聞社編集部門ソーシャルメディア・ガイドライン」）。
①他人や企業・団体を貶めたり、誹謗中傷につながったりする発信はしない。
②朝日新聞記者として高い倫理観を持ち、記者や新聞社の公正性を損なう発信はしない。

③記事では書かないような、常識や品位のない内容や口調は避ける。
④誤りがあった場合はすみやかに訂正し、必要な場合は謝罪する。
⑤情報源など職務上知り得た秘密や、取材先との信頼関係にかかわる内容は書かない。
⑥朝日新聞社を含む、第三者の著作権を侵害しない。
⑦個人情報の漏洩につながる発信はしない。

　以上がガイドラインに示された情報発信・共有の原則的な留意点である。会社に届けを出した記者のアカウントは「公認アカウント」となり、記者は研修を受ける。ただし、各記者が行うツイートに関して、ガイドラインは読者に向けて、「『公認アカウント』情報は、記者個人が発信するソーシャルメディアの特質上、朝日新聞社の見解や発表ではありません」とお断りを入れている。

　朝日新聞には2万人以上のフォロワーを持つ記者も多数おり、個人の発信も大きなメディアになろうとしている。しかし、会社の名誉が損なわれないようガイドラインや届け出制で制約を設け、研修も受けさせる。つまり、記者のツイートは個人のものでありながら、社のブランド価値を高める業務といえなくもない。

　日刊スポーツの福田記者や朝日新聞の例を見ても、Twitterという新しい発信ツールを用いて可能性を探る動きがみられる。今後はこの短文発信がジャーナリズムにおいてどのような力を持つかが注目される。

　このようなSNS時代の発信について、スポーツライターの玉木正之は「SNSは世界各地での選挙投票行動に影響を与えたり、『ジャスミン革命』『アラブの春』と呼ばれた現象や、日本の首相官邸周辺の反原発デモのように、人（大衆）を動かすことには力を発揮する」と前置きしたうえで、スポーツジャーナリズムへの影響をこう論じている。

　　現代のスポーツを客観的に批評・論評し、その価値を再認識したり新たな価値を発見したり、場合によってスポーツやオリンピックのあり方を否定し、IOCを非難する、といったジャーナリスティックな作業には、SNSというメディアは明らかに小さすぎる。ジャーナリズムの実践に向

いているメディアは、やはり論理的な長文も掲載可能な活字メディアであり、言葉と映像によるドキュメンタリー番組で現代社会を「斬って」「見せる」ことのできるテレビメディアといえるだろう。（玉木，2012：pp.6-7）

　Twitter は 140 字という短い文字数ではあるが、Facebook やブログになるとそのような制限はない。今後、さらに別のメディアが登場する可能性もある。活字文化が衰退傾向にある今、批評や論評というジャーナリズムの機能をデジタルの舞台でどう果たしていくか。急激なメディア変革の時代において、重要な課題といえるだろう。

まとめ

　本章では、人工知能、ビデオ判定、ネットメディア、SNS といったデジタル時代の現代メディアと関係した部分におけるスポーツを取り上げた。いずれも 21 世紀に入って加速度的に広がってきた分野である。
　インターネットだけではない。衛星放送の発達により、テレビ局は世界的な規模に範囲を広げ、多チャンネル放送の枠を埋めるコンテンツとしてスポーツを利用した。巨額の放送権料がスポーツ界になだれ込み、チームは海外の選手を容易に獲得できるようになった。その結果、スポーツ界はグローバル化の時代に突入した。
　スポーツメディアの取材する範囲も国際的になり、ジャーナリストたちは多種多様なスポーツ情報を扱うようになった。このため、特定のスポーツに専門的な「スペシャリスト」よりも、多くのスポーツを幅広く取材できる器用な「ゼネラリスト」が求められる時代となった点は否定できない。
　一方、ブログや SNS を通じて競技者がメディアを介さずにファンに直接発信できるようになった。その傾向は、競技者と記者との間に「距離」をもたらし、ジャーナリズムが取材対象に密着する機会を減少させたのである。
　何より AI に記者の代わりをさせようという試みは、笑い話では済まないほど現実的になってきた。AI はデータが豊富な対象なら巧みに文章をつづ

る。もはやスポーツ結果を伝える程度ならAIでも十分に事足りるという。このような記者のAI化は、記者が行けない現場の結果を報じることを目的としており、将来はAIが書く分野と人間が書く分野とのすみ分けが進むという指摘もある。

　デジタル発信の時代となり、記事も映像も世界をまたにかけて瞬時に伝わる。ましてや人間の代役としての「AI化＝ロボット化」が進む。だが、技術革新によってジャーナリズムの質が高度化したかといえば、そうとはいえない。むしろ、専門性の欠如によって劣化したとみることもできるだろう。

　次章以降はスポーツ報道の歴史を戦前からたどり、各時代のジャーナリストが何を伝えようとしたかを検証してみたい。

第3章

スポーツ・ジャーナリズムの夜明け
―新聞・ラジオの時代―

第1節　学生野球の父

　初期のスポーツメディアの歴史をたどれば、数々のジャーナリストが登場する。戦前から戦後間もない頃にかけて共通するのは、その多くが名選手や指導者であったという点にある。「学生野球の父」と呼ばれた飛田穂洲（すいしゅう、本名・忠順＝ただより、1886－1965）はその代表的な一人。穂洲はペンネームである。

　東京ドームの一角にある野球殿堂博物館には、野球界に功績を残した野球人のレリーフ（ブロンズ製の胸像額）が飾られ、200人近い功労者の名誉を讃えている。飛田が殿堂入りを果たしたのは、殿堂表彰が始まった翌年の1960年。レリーフには「早稲田大学監督として黄金時代を作り終始学生野球の発展に力をつくし、健筆を用いて野球の鍛練的精神を高唱した」（野球殿堂博物館ホームページ）と刻まれている。

　顕彰文の通り、飛田は早大監督の傍ら、朝日新聞などで記者を務め、「一球入魂」などの精神性を広めて学生野球の発展に寄与した。スポーツメディアの黎明期、記者たちは技術や戦術、ルールを新聞や雑誌など活字媒体に書くことによって、スポーツを世に広める役割を担っていた。

　1886年12月1日、茨城県東茨城郡大場村（現・水戸市）に生まれた飛田は、水戸中学（現・水戸第一高）を卒業後、早大法学部に進む。水戸中学時代から野球に熱中していた飛田は大学でも野球部に入り、二塁手として活躍して主将に就任。1910年、来日したシカゴ大学に6戦全敗した責任を取って主

将を辞任し、翌年から記者としてのキャリアをスタートさせた。後に飛田はこう書き残している。

> 私が報知新聞の運動記事を依頼されたのは明治四十四年の春であった。まだ私は早稲田の学生であったが、運動のあるたび、出社して記事を書いた。あるときは目黒の競馬にやられて面くらったこともあるが、これに対し報知は毎月金十円也の原稿料を与えた。（飛田穂，1986a：p.187）

学生でありながら、新聞社の契約記者のような形で文章を書き始めた飛田は、1913年、6年がかりで大学を卒業。武侠世界社という出版社に入社し、雑誌『武侠世界』の編集者を務める。武侠世界は、冒険小説作家の押川春浪[6]が主筆を務める雑誌で、「運動世界」のコーナーも設けてスポーツ界の活性化にも力を注いだとされる（神門，2004：p.165）。

飛田はその後、知人の勧めで読売新聞に籍を移して社会部の記者となるが、読売にいた期間は短く1年ほどだった。早大野球部初代監督（当初は専任コーチ）就任の話が舞い込んだのである。シカゴ大への「仇討ち」を果たすという野球部関係者の熱意にほだされ、飛田は辞表を提出。「初代監督」という地位が示すように、野球部の監督という立場は社会的にはほとんど認知されていなかった。

東大教授であり、野球部監督も務めた神田順治は戦前の野球を次のように分類している。

> 戦前の野球時代の区分は、①明治初年から二十三年までを黎明期。②二十四年から三十七年までを一高時代。③三十八年から大正十年までを科学的野球技術形成期。そして、④大正十年以降第二次大戦までを野球黄金時代とする。（神田，1986：p.423）

神田によれば、飛田が早大監督に就任したのは1919年、大正8年であり、科学的野球技術形成期の後半といえる。飛田はそれから6年間、監督を務め、

在任中はアメリカにも遠征し、本場の近代的野球技術を学んでその体系を完成させた。

飛田の精神論

飛田の本格的なジャーナリストとしてのスタートは、1926年に朝日新聞に入社したところから始まる。その夏、飛田はさっそく甲子園球場に出向き、全国中等学校野球優勝大会（現在の全国高校野球選手権）の評論を書く。甲子園が完成してまだ2年という時代である。以来、亡くなる1965年の前年夏まで40年近くにわたって甲子園に通い続けた。

飛田は「一球入魂」「快打洗心」「試合で泣くより練習で泣け」といった言葉を好み、武士道と同様、野球も一つの道であり、グラウンドは修業道場であるという「野球道」という考えを説いた（飛田忠, 1974：pp.1-4）。その強烈な精神論は次のようなくだりに現れている。

> 魂の野球はいずこの試合場にもない。実に練習場にのみ厳として存する。無論目標のない事業はあり得ないから、練習もまた試合を前提として行われるべきはいうまでもないが、野球選手の魂を造るものは練習場以外にはない。練習にこそ難行苦行があり、その難行苦行の間に精神が造られる。一個の球に精魂を傾けつくし、練習場の土の上に血へどを吐いて初めて会得される魂のはいった神技こそもっとも尊く、彼はそこに終生の宝とすべき人格を造り上げることができるのである。（飛田穂, 1986b：pp.177-178）

このような思想について、飛田が影響を受けたのは早大野球部の創設者であり、キリスト教徒であり、社会主義者でもあった安部磯雄[7]である。「安部磯雄先生からうけた私の感化というものは広大無辺である」（同前：p.181）と表現する飛田は、野球の精神性について解説する。

> 日本の武士道は単に武人の為にのみつくられたのではない。これを砕いていえば、紳士道であり、スポーツマンシップということになるので

はなかろうか。(略)男の身だしなみ、それがいわゆる武士道であり、私はこれを無私道(ぶしどう)として日本人の心の中に永久の生命をもたせたいと思う。恩師安部先生は無私道の権化であり、こうした先生の教化をうけて成長した日本の学生野球も、早稲田大学の野球部も、われわれ門下生も、まことに恵まれた。(同前：pp.244-245)

　野球が単なる遊戯ではなく、厳しい練習を経て人格陶冶のために役立つという精神論は、明治時代後半の一高時代から続く日本野球の伝統だと飛田は考え、自分の思想を新聞や出版を通じて広めようとした。軍隊的な精神論を強要したのではなく、スポーツマンシップ＝紳士道を学生たちに根付かせるために教育重視を掲げたといえる。「野球道」という考えは、日本に近代スポーツを溶け込ませるうえで根付いた日本流の思想だった。
　しかし、野球が社会的には問題があるとみる向きもあった。飛田がまだ早大の学生だった頃の1911年、東京朝日新聞は「野球と其害毒」(通称・野球害毒論)というネガティブ・キャンペーンを連載。一高校長の新渡戸稲造が書いた言葉はあまりにも有名である。

　　野球という遊戯は悪くいえば巾着切りの遊戯、対手を常にペテンに掛けよう、計略に陥れよう、ベースを盗もうなどと眼を四方八方に配り神経を鋭くしてやる遊びである。ゆえに米人には適するが、英人やドイツ人には決してできない。野球は賤技なり、剛勇の気なし。(東京朝日新聞，1911年8月29日朝刊)

政府の弾圧と戦争
　学生野球が人気を博する一方で、文部省(当時)は介入の度合いを進める。1920年代後半から30年代にかけては社会主義やマルクス主義に傾倒する学生が大学の自治を求めて学生運動を展開していた。そんな風潮に危機感を抱く文部省は、学生の「思想善導」を進めるうえで、スポーツに目をつけた(中村，2010：pp.34-37)。中でも大勢の観客を集める学生野球は、格好のターゲットになったのである。また、学生野球の「興行化」や「商業化」、選手の

[第3章] スポーツ・ジャーナリズムの夜明け

「マネキン化」（商業化の宣伝に使われること）が問題となり（中村，2007：p.83）、文部省が学生スポーツの「浄化」に乗り出した。

1932年3月、文部省は訓令第4号「野球の統制並に施行に関する件」（通称・野球統制令）を発令した。これにより、全国大会などの実施回数が制限されたり、入場料を徴収するに際し、文部省の公認が必要となったり、収支の文部省への届け出義務などが規定された。外国チームやプロ選手との試合の禁止、コーチ・審判の経費以外の金品授受禁止など多数の制限が設けられた。

これをきっかけに、野球の自治が損なわれていくのだが、野球統制令を策定するにあたっては、野球統制臨時委員として東京六大学野球の関係者も顔をそろえ、その中に飛田も含まれていたのである。しかし、結果的には、国家権力による統制の色合いが強まり、飛田ら野球関係者は次第に反発心を強めていく。野球統制令の発令から5年後には日中戦争が勃発。第2次世界大戦の状況が悪化すると、甲子園での中等野球は1941年夏の地方大会途中で中止となり（1942年夏は文部省主催で開催）、1943年には東京六大学野球連盟に解散命令が下った。

飛田は戦後、当時をこう振り返っている。

> 野球を非難するものの、第一声は大方観念論であって、野球が米国から移し植えられたものいわゆる舶来競技であるからという理由がその根本をなしていた。これは戦争以前にも多くの野球反対論者から唱えられたもので、日本人は日本のものをやれという強い主張であった。日本のものを愛する心意気はわかるが、それがため舶来競技を排撃しようとする狭量さはとらない。野球が米国から来たからいけないというのなら、そういう夫子自身洋服を着たり学校で英語を習わせたりすることはおかしいではないか。（略）一般から排撃の主なる理由とされたものは敵国の競技を行うということは、敵愾心を夥しく減殺することであり、非国民の行動であるというのであった。（飛田穂，1974：pp.203-204）

このような状況下、スポーツ・ジャーナリズムはどうであったか。「新聞紙にも異変が生じて、半ペラになった紙上に戦争記事が満載されたらスポー

ツ記事などのるべき余地はない」(同前：210)と飛田が振り返ったように、各新聞社の運動部は廃止同然となり、スポーツ記者も表現の場を失う。仕方なく、飛田は早稲田の練習に顔を出すようになった。

　東京六大学野球連盟が解散して半年がたった1943年10月16日、早大と慶大が主催する対抗試合が「早慶壮行野球試合」という名のもとにおこなわれた。学徒出陣を前にした、いわゆる「最後の早慶戦」である。慶大からの申し出を受けた飛田は、大学側の承認を取り付けるべく奔走した。

　戦時下、数万人が集まる球場には危険がある。このため神宮球場は使わせてもらえず、試合会場は早大の本拠地である安部球場に決まった。新聞発表では午後1時開始だったが、人をなるべく集めないために、大学側は午後1時より前に試合を開始し、午後1時までに終わらせるよう命じた。文部省を刺激しないためだった。

　しかし、飛田ら野球部側はこれには応じず、試合は午後1時プレーボールで行われた。結果は早大 10 − 1 慶大。慶大の練習不足のためか、思わぬ大差が付いたが、飛田はこの試合の後の光景を次のように記している。

> 　試合は存外あっけない勝負となって幕を閉じたが、この試合だけは勝敗を問題外として両大学の学徒が感激の限りをつくした。試合が終わると慶応は早稲田に、早稲田は慶応に激しい拍手を送り、今度は戦場で会おう、しっかりいけよと応酬し、やがて海行かばを合唱、悲壮の中に多年にわたる友情を披歴し合い、出陣学徒の意気を昂揚しつつ散会した。(同前：p.222)

　この試合が戦争中、日本で行われた最後の野球試合となった。やがて戦争が終わると、国家の弾圧になすすべがなかった戦時中の思いは、日本のスポーツ界に独立の機運を高ぶらせた。競技団体が次々と設立され、野球界もまた新たなスタートを切る。飛田は所属する朝日新聞だけでなく、いろいろな活字媒体に記事を執筆した。

　1946年4月に産声を上げたベースボールマガジンの創刊号に飛田は「進め！野球の大道へ！」という文章を寄せた。スポーツ記事を書くこともでき

なかった戦時中の苦難、野球を国家に踏みにじられた屈辱、多くの友人を戦争で失った悲しみ。故郷の茨城・涸沼湖畔に滞在していた飛田は、戦後復興の一文に強い思いを込めた。当時、59歳。還暦を前にして自らを「老骨穂洲」と称した。

> 戦争中、吾々の野球や庭球は、甚しい弾圧をうけた。彼等当局の偏頗な仕打には、いまなお不快さを払拭し難いが、いまは当時を回想して憤怨の情を叙べようとするものではない。しかし、理非曲直を問題とせず、浅慮な感情から、排撃した軍人の一部も、是れに已むなく便乗した悪代官に等しい役人の一部も、遂に吾々の信仰を奪うことは出来なかった。我々の信仰たる日本の野球は、実に現存したのである。これに依って、我々は日本の野球永久に滅びずと、血の戦野に雄叫んで、戦場の露と消え果てていった同志の霊に、野球復興の報告を捧ぐることも出来るというものだ。(飛田穂,1986c:pp.334-335)

 飛田は数々の技術論や戦術論、試合の戦評も残している。その一方で、政治に翻弄された初期のスポーツ・ジャーリストだったといえるだろう。戦前の野球統制令に始まり、大会中止や連盟解散を命じた国家権力に対する反発心があった。教育を重視する飛田の精神論には近年、批判の声もないわけではない。しかし、その背景には、学生野球は自らを正していかなければならない、そうしなければ政府に目をつけられ最後は圧力に屈してしまうという経験と危機感があった。そうした自律=自立の精神が飛田思想の根本にはある。

 日本学生野球協会や全国中等学校野球連盟(現・日本高校野球連盟)が設立されたのは1946年。その翌年には野球統制令が廃止となり、1950年には代わって日本学生野球憲章が制定され、学生野球は新たな出発点に立ったのである。

第 2 節　五輪の哲人

　日本にオリンピックの思想を伝え続けたジャーナリスト、大島鎌吉（1908 － 85）も戦前の名選手である。関西大に在籍していた 1932 年のロサンゼルス五輪の陸上男子三段跳びの銅メダリスト。卒業後は大阪毎日新聞（現・毎日新聞）に入り、4 年後のベルリン五輪では日本選手団の旗手を務めた。ベルリン五輪ではメダルに届かなかったものの、その後、得意のドイツ語を生かしてベルリン特派員となり、戦時中はドイツ情勢をリポートする一方、北欧戦線にも出向いてルポルタージュを書いた。

　第 2 次世界大戦がまもなく終わろうとしていた 1945 年 7 月、ドイツで九死に一生を得た大島は命からがら日本に戻ってきた。ベルリン陥落まで現地に踏みとどまったが、ソ連軍につかまってシベリア鉄道で送還され、朝鮮の京城（現・韓国ソウル）を経て帰国したのである。

　帰国後、一時期の政治部所属を経て運動部記者になった大島は、数々の著作を残した。終戦直後、発表した一冊は子ども向けの『オリンピック物語』という本だった。その文章の最後に、戦後初の五輪開催となる 1948 年ロンドン五輪のことを書いている。

　　　一九四八年七月二十九日、ベルリンの大会から十二年ぶりに、オリンピアの火がロンドン会場に燃えはじめました。ロンドン大会は、くるしいじゅんびの中にも、各国の平和をねがうまごころがむすびあい、うつくしい大会として、ぶじに終ることができました。この大会には戦争でやぶれた日本もドイツも、まねかれませんでした。日本やドイツと戦争した国々の青年達は、きのうまで命をかけて争っていて、きょうすぐ、おたがいに手を握る気持にはなれなかったのでしょう。しかし、平和な国になった日本は、やがて仲間入りができなくてはなりませんでした。（大島，1951：pp.89-90）

　大島は次の 1952 年ヘルシンキ五輪に毎日新聞の特派員としてフィンラン

[第3章] スポーツ・ジャーナリズムの夜明け

ドに派遣され、現地に向かう途中ではイタリアでローマ法王に謁見しただけでなく、ギリシャ・オリンピアを訪れて聖火の採火式を日本人として初めて取材した（毎日新聞 2014 年 11 月 14 日朝刊）。大島はその後も五輪の本質をあらゆる活字媒体に表現していった人物である。五輪の歴史やその目的について、日本に広めた草創期の記者といっていい。

　大島が信奉したのは、近代オリンピックの創始者であるフランス人のピエール・ド・クーベルタンであり、その思想を受け継いだドイツのスポーツ史学者、カール・ディーム[8]である。大島が最初にクーベルタンの思想に触れたのは、1932 年に出場したロサンゼルス五輪の時だった。そこで出合った英文をのちにこう訳している。

　　人生で最も重要なことは、勝つことでなくて戦うことである。本質的には "勝ったこと" ではなくて、けなげに戦ったことである。この規範の広く及ぼすところ、人間をより勇敢により強健にし、その上より気高くより優雅なものにする。（ディーム編，1962：p.1）

　この一文を記して 1962 年に出版された『ピエール・ド・クベルタン　オリンピックの回想』は、1931 年から 32 年にかけてフランスの新聞に連載されたものをディームが編纂してドイツ語に訳し、これを大島が日本語に重訳したものである。今も日本語で読めるクーベルタンの本はこれ以外にない（毎日新聞，2014 年 11 月 19 日朝刊）。クーベルタンではなく、クベルタンと表記されている通り、当時はまだ日本における認知度も低かった。

　大島が生涯を通じて表現したのはオリンピックの思想であった。回想録の「訳者のことば」にこう書き込んだ。

　　クベルタン男爵がどんな人で、どんな思想の持ち主で、どんな理想を描き、どんなに艱難辛苦して近代オリンピック競技を復活したか？　さらにこれを現代の世界最大の文化的事業に発展させるのに、どんな布石を打っていったかについて、残念ながらあまりよく知られていない。奇妙なことだがこれはまぎれもない事実である。スポーツの哲人カール・

ディーム博士は彼と肝胆を照し合う仲の人であったが、この人が長い月日をかけてようやくクベルタンの思い出の記を集め、これを編集して初めて世に贈ることに成功した。こうして、いわば門外不出の記録が初めて門外に出たのである。（ディーム編，前掲書：p.3）

　大島は毎日新聞を退職後、1964年東京五輪日本選手団の団長、選手強化対策本部長を務めた。その後は大阪体育大の開学に携わり、副学長に就任する。また、スポーツの普及が青少年への教育に貢献するという信念の下、日本スポーツ少年団の創設（1962年）にも関わった。その経歴だけをとってみても、現代のスポーツ記者とは異なり、いろいろな役割を背負いながら、スポーツ界を縦横無尽に動き、活躍していたことが分かる。そのスケールの大きさには驚嘆するほかない。

　晩年の大島が取り組んだのは、スポーツと平和の問題だった。1980年モスクワ五輪は国際政治とスポーツの距離を考えさせられる大きなテーマを社会に突きつけた。開催国ソ連のアフガニスタン侵攻に対する米国政府の五輪ボイコットの呼び掛けに、日本政府もこれに応じて不参加の道を選んだのである。

　大島は当時すでに大阪体育大の教授だったが、日本オリンピック委員会（JOC）の決断を前に、「JOC重大決意の日来る！　ここで考えよう！」というアピール文を書き、英文とドイツ文にして国際オリンピック委員会（IOC）や各スポーツの国際競技連盟、各国オリンピック委員会に送りつけた。
「日本のJOCは政治にかかわらず第二十二回のオリンピック・モスクワ大会に参加すべきだ」で始まるアピール文で、大島は五輪とは何かを強調した。

　　　近代オリンピックは創始以来八十四年、ふたつの戦争を越えて生き残り、戦争毎にその規模を拡げてきた。古代のオリンピックは自滅したと思われたのに、一六〇〇年地下に潜ってどっこい近代に復活した。オリンピックがフェニックスのように涅槃（ねはん）の生命をもっているからだろう。（略）オリンピックを近代に復活させた願いが古代と同じく世界平和にあったことは言うまでもない。こんな意味で「オリンピズム」

はいまも世界宗教である。(大島・伴，1986：p.39)

　こんな文章も残っている。ノーベル平和賞を受賞した世界で唯一のオリンピアン（五輪参加選手）、フィリップ・ノエルベーカー（英国）の一周忌の追悼文集に大島は次のような言葉を寄せた。

　　スポーツの敵は敵ではない。潜在能力を引きだしてくれた得難い友人。正に友愛を信奉する「オリンピック平和宗」の信徒で、地球を覆って実在する信仰集団である。(大島，1983：p.10)

　日本がモスクワ五輪をボイコットしてから5年、大島は1985年3月30日、東京・世田谷の自宅で息を引き取った。76歳の生涯を五輪思想の追求に費やしたといってもいい人生だろう。振り返れば、競技者、新聞記者、日本代表の役員、大学教授と活動の場を変えながらも、「五輪の哲人」のスタンスは変わらなかった。ベルリン特派員時代に自ら戦場を取材し、その悲惨さを体験したからこそ、平和に対する思いは強く、スポーツと政治の関係についても、ぶれない信念があったに違いない。また、スポーツや五輪をエンターテインメントではなく、人間の文明としてとらえている点も特筆すべきである。五輪報道がメダル獲得合戦に終始し、五輪精神の意味を伝えきれていない現状とは大きく異なる。

　大島は自らのことをあまり語らず、自伝も残っていない。しかし、五輪を通じて残した数々の書物や論文、記事が、初期のスポーツ・ジャーナリストの偉大さを物語っている。

第3節　女性スポーツの先駆者

　大島と同時代を生きた女性アスリート、人見絹枝（1907－31）は24歳で夭逝したことで知られる日本人女性初の五輪メダリストである。競技者としては1928年アムステルダム五輪の陸上女子800メートルでの銀メダル獲得が有名だが、競技での活躍とともに、大阪毎日新聞の運動記者としても一時

期を過ごした。短い期間ではあったが、女性スポーツを発展させようと文章を綴った姿が、のちの文献からうかがえる。

　岡山県御津郡福浜村に生まれた人見は、岡山県立高等女学校に入り、最初は軟式テニスの選手だったが、16歳の時に走り幅跳びで非公認ながら日本新記録を樹立。その翌年には二階堂体操塾（現在の日本女子体育大）に入学し、三段跳びで10メートル33という当時の世界記録をマークした。卒業後、いったんは京都第一高女に体操教師として職を得るものの、すぐに二階堂体操塾に戻って助手を務め、翌年からは大阪毎日新聞に入社した。1926年、19歳の時だった。

　陸上競技ではすでに有名選手だったとあって、人見は入社1年目でいきなり出版の機会を得た。『最新女子陸上競技法』である。当時、女子陸上の指導者のための書物は日本にはなかった。そこで「経験八分、研究二分」（人見, 1926：序 pp.2-3）という人見自身が勉強不足を恥じながら書いたのがこの書物である。そこにはこんな記述がみられる。

　　近頃体育に関係した特にスポーツに於ける雑誌及書籍はとても多く発行されて居るが女子のみときめられた物は数える程でしかもそれは男子の方があまり女子を弱く見た為か小供（ママ）のする様な方法で少しもその真底迄つき入った研究と体験のない為一寸指導者及び競技者に満足を与へる事がうすい様に思はれてならなかった。（略）自分の無経験、無智を反省もせずに稿を起して見たのである。（略）反って悪い結果を与えはしないかと心配して居るがその所は小者私事をお導き下さらん事をおねがひして止まない。（同前：序 pp.1-3）

　まだ文章には自信がなかったのだろう。しかし、女性のことをあまり分かっていない男性に女性スポーツを語らせるのは無理があると強く感じていた様子もうかがい知れる。それを象徴するのが、次のような文章である。女性競技者がどのような心持ちで競技活動をしていくかについては、かなり厳しい口調になっている。

[第3章] スポーツ・ジャーナリズムの夜明け

　おせば凹む様なお嫁さんを欲する男の人は今の日本にないはずだ。女は奥様でもない。外様だ。昔し日本の男の人が欲した様な女は一刻も早くこの日本になく成って、この日本の為に女子も立派な母と成ってつくさねばならないと考へたら決してなまぬるい女の生活は出来ないものだと私はつよく思ふのである。（同前：p.2）

　この出版から2年後、人見はアムステルダム五輪に出場した。日本はその前の3大会（1912年ストックホルム五輪、1920年アントワープ五輪、1924年パリ五輪＝1916年ベルリン五輪は第1次世界大戦により中止）において、日本は1人の女子選手も五輪には送っていなかった。また、陸上競技もパリ五輪までは女子選手の参加を認めていなかったのである（日本オリンピック委員会監修，1994：p.114）。
　そうした時代背景の中で、人見は競技だけでなく、記者としても女性スポーツの発展に貢献した。
　人見が大阪毎日新聞に入った経緯が、毎日新聞の社史に残されている（毎日新聞130年史刊行委員会，2002：pp.663-670）。現在の毎日新聞は戦前、大阪毎日新聞と東京日日新聞に分かれていた。
　大毎では高まるスポーツ熱に伴い、運動課の充実を求めていた。そこで運動課長に社外から抜擢されたのは、大阪医大教授として運動生理学を研究していた木下東作だった。木下自身も学生時代は陸上競技の中距離選手。陸上への関心が高く、女子選手の育成にも力を入れていた。
　「人見の人生に大きな波を送ったのは、大毎の運動課長、木下東作だった。女子スポーツ界の象徴であり、女性記者の先駆けとしての人見は、木下との出会いなくして語れない」と社史は伝えている。大毎には、ライバルである朝日新聞が人見らスポーツ選手に触手を伸ばしているとの情報が入っていた。当時、スポーツ情報の拡充を模索しながら新聞社はトップアスリートを記者として雇い、競技生活を保証しながら、記事も書かせていたのである。
　木下は朝日よりもいち早く動き、人見の父親や二階堂体操塾の塾長を説得。人見の入社を実現させた。当時の社報によれば、人見は「従来より以上の成績を欲すると同時に少しでも世の女子体育事業につくしてみようとねがって

おります」と抱負を述べている。

　人見は亡くなる前の1931年、24歳の時に出版した著書『ゴールに入る』の中で、「大阪毎日新聞社における私」という文章を書いている。当時のアスリート兼スポーツ記者の生活の一端が知れる内容である。

　　　夜遅くまで活動するのは新聞記者の常で、十時、十一時になるのは女の私等にも珍しくない事、時には一時頃になって社を出る時もあります。（略）人の遊び回っている土曜日曜の両日は一週間の中で一番忙しい時、春秋の気候のいい時はまた、スポーツのシーズンで寸時の暇もない。そこが運動部のいやな所で、一日だって休暇はないのです。（略）昼間の少しの暇を盗むようにして練習しているので、十時、十一時と編集室の時計の針が進んで来ると目が霞む、頭がぼうーっとしてくる。（人見，1997：pp.122-123）

　現在の運動部記者と変わりない生活の中で、寸暇を惜しんで競技に励んでいた人見。そのような生活に対して、強調したかったのは女性として社会での地位を確立することにあったのではないか。

　　　もう体中クタクタに疲れが出ています。しかし私はこうした場合、今まで一度だってこれに対して苦しいことと思ったこともありません。やっている事は非常に愉快です。次第次第に男の人と同じように仕事が出来るかと思うと、なんだか女としての優越感も湧いて来ます。（同前）

　1928年のアムステルダム五輪、陸上女子800㍍で2位となり、日本女性初のメダリストとなった人見は、日本の女子スポーツを牽引する存在として大きく注目され、五輪以降も競技生活の傍ら、講演旅行や各地でのコーチを次々とこなすようになる。

　戦前には国際女子スポーツ連盟が主催する「万国女子オリンピック大会」という国際競技会があった。1930年、この第3回大会に人見は日本の5選手を率いて出場した。開催地はチェコスロバキアのプラハ。費用は全国行脚

して募金を集め、後続のアスリートたちのために資金を工面した。

　長い外国遠征を終えて、帰国した人見が岡山の実家に帰ったのはその年の11月だった。すでに家族は人見の体調不良を感じ取っていた（小原，2007：pp.224-227）。

　しかし、人見は募金に対する感謝の講演活動を続け、新聞社からの要請もあって膨大な仕事を引き受けていた。その過労のためか、翌年3月には肋膜炎を発症。大阪帝国大学附属病院に入院した。病状はそれでも回復せず、肋膜炎から乾酪性肺炎を起こし、アムステルダム五輪の銀メダルからちょうど2年後の8月2日、24年間の短い生涯を終えた。

　死の2カ月後に出版された『女子スポーツを語る』は、いわば人見の遺言ともいえる最後の書籍である。

　人見は「女子の運動競技の目的とは『第二の国民を作る母性の身体改善にあり』の一言で至極簡単に説明は終っている」と書き出す。だが、人見の本音はそこにはないだろう。スポーツに対するその思いは次のような文章に集約される。

　　　グラウンドの中に、テニスコートの上に、プールの水中に或はゴルフリンクスに、活躍する少女等の輝かしい顔、紅のさす頬、はち切れるばかりの少女のよろこびはそのよく発達した体に健康そのもののやうに光りを放っている。之こそ人生の春であると私は大きな声をあげて少女等にさけびたい。（略）強き意志、頑健な肉体、崇高な人情美、フエヤーな精神に対する憧憬も世の人として立つに必要な凡ての要素は皆スポーツによって築かれて行く。（人見，1931：pp.1-2）

　人見が書くように、近代スポーツの初期、女性のスポーツは、健康な子供を産む健全な母体を形成するためのものとみなされた面はあったのかもしれない。スポーツといっても、ダンスや体操、テニスやゴルフ程度であったが、陸上競技という激しく競い合うスポーツの発展によって、女性スポーツは性差を超える位置を確立していく。人見もその時代に生きたアスリートであり、スポーツ・ジャーナリストである。

人見の死後、『ゴールに入る』を読んだ作家、徳富蘇峰は人見のジャーナリストとしての実力をこう評している。

> 人見嬢は、その体育界において、非凡の天分を有したるとともに、その文筆の上にも、決して尋常ではなかった。すなわち嬢は、必ずしもその双脚両腕を役せざるも、一枝のペンにて、一人前の仕事は必ず仕遂ぐるだけの能力を、裕かに有していた。（小原前掲書：pp.248-249）

スポーツへの女性参加はまだ少なかった時代のアスリート、人見絹枝。五輪でさえ、最初の頃は女性の参加は認められていなかったのである。だが、24歳で亡くなった人見は自らの体験を通じて知ったスポーツの素晴らしさを新聞や書籍という活字メディアで表現し、女性がスポーツに参加する権利を主張した。現代につながる貴重な足跡である。

第4節　競技者が記者でもあった時代

飛田穂洲、大島鎌吉、人見絹枝というスポーツ報道黎明期の記者たちに共通するのは、競技者であったという点である。それ以外にも有名なアスリートたちが新聞社で記者を務めているので、紹介しておきたい。

日本で初の五輪金メダリストといえば、織田幹雄（1905－98）が有名である。1928年アムステルダム五輪で織田は陸上男子三段跳びで優勝し、日本人として初めて表彰台の中央に立った。その3年後、早大卒業を間近に控えた織田をめぐって、新聞各社の争奪戦が繰り広げられた。

大学時代から新聞や雑誌に遠征記や手記を発表していた織田の能力を、新聞社は見逃さなかったのである。朝日、毎日に加え、読売新聞は社長の正力松太郎が織田を入社させようと誘いの声をかけた。結局、大阪朝日新聞の運動部長の説得に応じて、織田は朝日のスポーツ記者となる道を選んだ。現役を引退したのではなく、競技者でありながら記者でもあるという生活だった。

> 大阪の朝日新聞社の運動部に籍を置くことになった私は、日本一、い

[第3章]　スポーツ・ジャーナリズムの夜明け

やそれよりも世界一のスポーツ記者になろうと心にきめた。日本でなら陸上をいちばんよく知っているのは私だ、という自負はあった。だが、世界一になるには、やはり同じように、世界のことを、こんどは他国のだれよりも知るようにしなければならない。（織田，1997：p.125）

　そのような決意を持って新聞社での生活をスタートさせ、運動部長に頼んで各国の新聞を取り寄せて情報を集めた。そして、これらを読むために各国語の辞書を引きながら、他国では何が行われているのかを詳細に分析する。陸上の情報分析だけでなく、大相撲や野球の取材にも関わった。野球はスコアを書く仕事を 2 年間ほどやらされたという。そうした生活の合間に練習するという毎日だった。
　一方、大阪毎日新聞は次の 1932 年ロサンゼルス五輪に向けて、大阪朝日の動きにライバル心を燃やしていた（毎日新聞 130 年史刊行委員会，2002：pp.838-844）。
　五輪開催地に特派員を派遣しての「報道合戦」が始まったのは、そのロサンゼルス五輪からだったといわれる。日本選手団は 200 人近くに膨らみ、国内にも国威発揚のムードが高まっていた。

大阪朝日の織田と大阪毎日の南部

　大阪朝日が織田を獲得したのに対し、大阪毎日は織田と並ぶ三段跳びのスター選手、早大の南部忠平（1904 － 97）を入社させるべく、交渉に乗り出した。交渉を進めたのは、大毎の運動課長、西尾守一である。元早大野球部の選手でスポーツ界に顔が利く西尾は、南部の合宿先に乗り込んでいって、5 時間の説得を行った。最初は固持していた南部だが、抵抗するのが面倒くさくなって承諾した。西尾は「早速、オリンピックの模様を書いてもらう」と告げたという。
　すぐさま大毎には「跳躍王南部選手、本社運動課に入る」との記事が出て、南部はその月末には選手、役員の一行とともに横浜港を出発した。さらに大毎はペン 4 人、カメラ 1 人に加え、陸上チームの総務委員の 1 人を含む特派員団を編成し、同じ船でロサンゼルスに向かった。

大会が始まると、前半の陸上では南部が金メダルを獲得。同じ競技では当時関西大の学生だった大島鎌吉も銅メダルに輝き、日本では「大日章旗高く揚る」の号外が発行された。

続く4年後のベルリン五輪では、選手として入社した大島が大毎特派員団として派遣され、陸上日本チームの主将を務める。南部は記者として日本に残ったが、三段跳びの後には国際電話で取材し、紙面を埋めた。この大会が戦前としては最後の五輪になるのだが、競泳男子200㍍平泳ぎで金メダルを獲得した葉室鉄夫（1917－2005）、陸上男子5000㍍と1万㍍で4位入賞を果たした村社講平（1905－98）も戦後、毎日新聞に入社した。

このように、新聞社がトップアスリートを雇用し、競技を続けながら、記事も書くのが当たり前の時代だった。それだけではない。記者は主催スポーツ事業にも関係していた。たとえば、葉室はのちにアメリカンフットボールの大学日本一決定戦「甲子園ボウル」の創設に尽力し、村社は「毎日マラソン（現在のびわ湖毎日マラソン）」や全国高校駅伝の創設に携わった。

同じく毎日でいえば、1927年から始まった都市対抗野球大会の発祥に多大な尽力をした橋戸頑鉄（本名・橋戸信、1879－1936）は、早大野球部の主将。米国留学後、万朝報、大阪朝日新聞などを経て毎日新聞東京本社の前身である東京日日新聞に入った。都市対抗は橋戸ではない政治部記者の発想だったが、実際に全国各地を駆け回り、強豪チームの承認を取り付けて大会開催を実現したのは橋戸だった。

東大野球部出身で、毎日新聞運動部の野球記者として長く活躍した鈴木美嶺（1921－91）はこう記述している。

　　　橋戸氏は当時東京日日新聞社（現毎日新聞社）の運動記者として健筆をふるいながら、一年以上の歳月をかけて、第一回大会（昭和二年）開催まで不眠不休の努力をつづけ、昭和十一年三月、第十回記念大会の開催を前に、五十八歳で永眠した。（鈴木，1976：p.239）

大会への貢献をたたえ、今も最高殊勲選手賞には「橋戸賞」の名が冠せられている。鈴木も記者としてだけでなく、日本野球規則委員を務め、野球の

[第3章] スポーツ・ジャーナリズムの夜明け

ルールを日本に広めることに貢献した。さまざまなケースのルール解釈を紹介した『野球難問解答集』（神田・鈴木，1957）や米国のスポーツ雑誌を翻訳した『SPORTS ILLUSTRATED　図解・新しい野球技術』（スポーツイラストレイテッド編，1961）を発表。プロとアマで別々に発行されていた規則書を統一するなど、日本野球の発展に寄与したことが高く評価され、死去から25年以上たった2017年、特別表彰者として日本野球殿堂に入ることになった。

このように、戦前からのスポーツ記者たちは、記事を書くことだけが仕事ではなかった。スポーツを世に広めることが「目的」であり、記者でありながら、ある時はプレーヤーであり、コーチであり、審判であり、事業の運営者でもあった。その手段の延長線上に新聞というメディアがあったといえるだろう。

第5節　ラジオ中継初期

名選手が記者を兼ねた新聞に対して、戦前はラジオがニューメディアだった。スポーツを全国各地に普及させ、人気を集めていくためには、新聞だけでなく、ラジオの力が大きな役割を果たした。

ラジオで日本初のスポーツ中継が行われたのは、1927年8月、甲子園球場を舞台に行われた全国中等学校野球優勝大会（現・全国高校野球選手権）だった。JOBK・大阪中央放送局（現在のNHK大阪放送局）の新人アナウンサー、魚谷忠（1897－没年不詳）が実況を担当した。魚谷は大阪・市岡中学時代に内野手として甲子園の土を踏んだ選手でもあった。米国帰りの朝日新聞記者に米国でのラジオ野球中継の様子を学び、予選の試合にも足を運んで練習を繰り返したという（橋本，1992：p.19）。

全国放送網が未整備だったため、この大会は大阪地方のみで中継された。しかし、別の工夫が施され、東京では日比谷公園に「プレーヤーズ・ボールド」（球場からの電話を受け、試合の得点や打球の方向、走者の動きを表示する装置）という試合速報掲示板を設置して人を集めた。この解説役を務めたのが時事新報の運動部記者、河西三省（かさい・さんせい、1898－1970）。野

球精通者として起用され、好評を博したとされる。

　河西はのちに NHK に入り、1936 年ベルリン五輪の競泳で前畑秀子の優勝した場面を実況し、「前畑がんばれ！」を連呼した名物アナウンサーである（同前：pp.25-26）。魚谷も河西も野球をよく知る人物だったが、次に挙げるアナウンサーは決して野球精通者ではなかった。

　昭和初期の名スポーツアナウンサーの一人として知られる松内則三（1890 － 1972）は、この 2 人とは全く異なるタイプの男だった。東京中央放送局に在籍する松内に、神宮球場で行われる（旧制）一高対三高の定期戦のアナウンスの役が命じられたのは、初めて甲子園での中等野球中継が行われた直後の 1927 年 8 月 24 日のことである。社内で指示があったのは、試合のなんと 2 日前だった。

　松内は詳しい野球のルールさえ知らず、三振が打数に入ることも理解していなかったとされている。大阪・北野中学から慶応大に進み、株式の現物取引の仕事を経て東京放送局に入社した松内に、野球とのつながりは乏しかった。しかし、そんなことは大して気にせず、「講談を聴くように面白い」といわれた名調子で聴取者を引きつけていった。1928 年には全国放送網が完成。松内は初の大相撲春場所で実況を担当した。翌年からは東京六大学リーグ戦が全国中継され、松内も人気スポーツアナの地位を確立していく。

　松内の中継を代表する名文句がある。

　　神宮球場、どんよりとした空、黒雲低くたれた空、カラスが一羽、二羽、三羽、四羽、風雲いよいよ急を告げております。（同前：p.33）

　このように、脚色を加えて実況する松内の口調を、ラジオの前の聴衆は楽しんでいた。1932 年ロサンゼルス五輪に、河西らとともに派遣された松内は陸上男子三段跳びの日本選手の活躍を放送する役を担った。大阪毎日新聞に所属する南部忠平が金メダル、大島鎌吉が銅メダルを獲得した種目である。ところが、その放送は「実況中継」ではなく、「実感放送」と呼ばれる形式で日本に送信された。ロサンゼルス五輪では現場からの実況は実現せず、アナウンサーは競技終了後、自動車で米 NBC 放送のスタジオに向かい、見た

[第3章] スポーツ・ジャーナリズムの夜明け

ままの光景を思い出しながら放送で再現し、電波に乗せていた。たとえば、松内はこう伝えた。

 再びスタンドから万歳の声が起こりました。国旗が掲揚されるのです。山々はくっきりと、日は燃え立っています。今や粛として声なき観衆十万の大スタジアム、わき起こる荘厳な君が代裡に、わが日章旗は空高くメーンマストに掲揚されました。（同前：p.48）。

戦後、日本を代表するスポーツアナとなり、のちに野球殿堂入りするNHKの志村正順（1913－2007）は、先輩である松内に「実際にはカラスが飛んでいないのに、どうしてですか。それでは実況放送とはいえないじゃないですか」と質問したことがあるという。松内は答えた。「カラスを飛ばさないと、聞いている方は試合が終わった気がしないというんだ」（尾嶋, 1998：p.51）。

話は変わるが、河西のベルリン五輪の「前畑がんばれ」でも同様の例が浮かび上がる。河西は競泳女子200㍍平泳ぎ決勝で、150㍍の折り返しあたりから「前畑がんばれ」を30回以上連呼、さらにゴール後には「前畑勝った、勝った」を15回も繰り返した。ベルリン五輪は実感放送ではなく、実況放送だった。だが、後輩のアナウンサーからは「客観報道ではない」「第一、タイムが入っていないではないか」などの異論の声が上がったという。批判に対して、河西は「あれは実況放送ではなく、応援放送だった」と述べている（同前：pp.52-53）。野球では冷静な実況と名解説で名をはせた河西だが、五輪の金メダルを目の前にした場面ではあまりにも感情的になってしまったのだろう。

初期のアナウンサーは、スポーツの細かな技術や戦術を専門的に報じるよりも、現場の雰囲気を伝えることを優先させていたといえる。ラジオというメディアの特性上、聴衆にスポーツをイメージさせることが重要だった。しかし、アナウンサー全員にそのような傾向があったというわけではない。

大阪中央放送局の島浦精二は、後輩たちに「スポーツ放送は説明すべからず、描写せよ」と説く一方、「野球中継では打球音、観衆の声などが"描写"

59

になる。それらを放送に効果的に取り入れれば、アナウンサーが大きな声を張り上げる必要はない」とも話していたという。島浦はホームベースの下にマイクを埋め込んだりして現場の雰囲気をどう伝えるかを工夫した。島浦は松内のような美辞麗句に満ちた放送とは一線を画していた。球場内の実音を入れながら、投手の球種やインサイドワーク、右打者か左打者かで変化する守備陣形などを巧みに伝えた。それは後世の野球放送にも大きな影響を与えたのである（橋本前掲書：pp.42-43）。

　放送界には試行錯誤が続いていた。その頃、新聞記者たちの持つ専門性に敬意を抱いていた志村は、ある行動に出た。1939年、神宮球場ネット裏での出来事である。記者席には朝日新聞の飛田穂洲、毎日新聞の小野三千麿（元慶大の名投手）が陣取っていた。近寄っていった志村は2人に声を掛け、東京運動記者倶楽部への日本放送協会の加盟を打診した。志村が振り返る。

　　　両巨頭は意外に好意的で、スポーツ報道を同じくするものは新聞もラジオも同じ事である、同一の仲間になる事には矛盾はないとの理解あるご意見で、ただ放送を仲間に入れるにはクラブの定款を変えねばならぬ（と言われた＝筆者補注）。（志村，2003：pp.149-150）

「新聞社を以て構成する」を「新聞並びに放送を以て構成する」と定款を変更するとのことだったが、結局、これが実現するのは戦後のことになる。戦局が悪化する中で、新聞各社の運動部が開店休業状態となり、スポーツ報道が急速に縮小していったからである。

　志村も、1943年10月21日、明治神宮外苑競技場で「出陣学徒壮行会」の実況を任された。当初は先輩アナウンサーが担当する予定だったが、前夜酒に酔いつぶれ、その大役を務められる状況ではなくなった。そこで開始直前、志村にその任務が回ってきたのである。志村は本来、スポーツが行われる競技場で2時間半、しゃべり続けた。

　　　かくして学徒部隊は征く。さらば征け、征きて敵米英を撃て。征き征きて勝利の日まで大勝をめざし戦い抜けと念じ、はなむけと致しまして

[第3章] スポーツ・ジャーナリズムの夜明け

ここに外苑競技場の出陣学徒壮行会の中継放送を終わりたいと存じます。（尾嶋前掲書：p.20）

それが最後の言葉だった。スポーツが、そしてスポーツ報道が本格的に復活するには、それから約3年の歳月を待たなければならなかった。戦前の新聞とラジオの関係は、戦後のスポーツ報道の課題を示唆しているようにも映る。専門性を高めるべきか、娯楽性を重視すべきか、このテーマはテレビの登場によって、さらに複雑化していくことになる。

まとめ

本章では、新聞という活字メディアに続いて音声メディアであるラジオが発達していく中、スポーツ・ジャーナリズムがどのような変遷をたどったかに重点を置いて当時の報道状況を追った。明治期に欧米から近代スポーツが日本に伝わり、それが発展していく経過において、スポーツ・ジャーナリズムが果たした役割は非常に大きい。特に本章で取り上げた大正期から昭和初期のジャーナリストたちが競技者や指導者でもある点は特筆すべきことで、現代とは異なるシステムの上で記者が雇用されていたともいえる。ジャーナリストは競技大会の結果を伝える報道だけでなく、スポーツの技術や戦術、ルール、さらにはスポーツの思想や精神性についても啓蒙する役割も担っていた。

また、当時のスポーツ記事にはほとんど娯楽の要素がみられないのは特徴的である。しかし、一方でニューメディアとして登場したラジオは、スポーツの実況中継をしながら、現場の興奮を伝える娯楽性も強く意識していた。「カラスが一羽、二羽……」や「前畑がんばれ」の放送は、報道としての実況中継を逸脱するものであったが、批判も受けつつ、歴史に残る放送として今も語り継がれている。遠く離れた場所から臨場感を持って送られてくる音声を娯楽として聴取者も許容していたのである。

第4章

娯楽の追求

第1節　毎日新聞きっての名文家

　石川泰司（1928－97）は、昭和後期から平成の初期にかけて活躍した毎日新聞のスポーツ・コラムニストである。社内では東京本社運動部長の後、編集局内の要職を務め、定年退職後もフリーライターとして活躍した。毎日新聞時代は社内きっての名文家といわれた。

　石川は戦前の競技者出身の記者のような経歴を持っていなかった。中学と高校で野球やサッカーを少しやったに過ぎなかった。しかし、試合の取材では複雑な勝負の綾をうまくかみ砕きながら、絶妙の表現力で描いていく能力にきわめて長けていた。入念な下調べをもとにしたインタビューで人物を描き、外電記事のエピソードを引用してはコラムを書いた。いってみれば技巧派の記者である。「石川泰司の窓」「石川泰司のスポーツ人世」など名前を冠したスポーツコラムのコーナーが紙面を彩った。かつての大御所の記者たちが戦評や技術評にこだわったのとは一線を画す存在で、石川のようなスタイルが日本のスポーツ・ジャーナリズムの一つの潮流を作っていく。

　早稲田大を出た石川は1951年に毎日新聞社に入社。浦和支局に9年在籍した後、東京本社運動部でスポーツ記者のスタートを切った。石川はこう書き残している。

　　昭和四十三年日本新聞協会発行『新聞の取材』の運動部記者の章に、「今日の運動部記者は過去に輝かしいスポーツ経歴を持つ有名記者が三分の

一、学生時代にスポーツをやった先輩記者が三分の一、スポーツは好きだが選手だったわけではない一般記者が三分の一」という一節があるが、私は支局から配転された一般記者のはしりの形で、運動部にまぎれ込んできたのだった。（石川，1975：p.8）

　自分にスポーツの経歴がなかったことに対し、石川は「オレがスポーツで何を書けるというのだ。選手のキャリアもないくせに。原稿の後ろにレイレイしく署名をつけて、どこのウマの骨が何をいっているのか……」（同前）という葛藤を抱いていた。だが、一方で「スポーツ技術論は私の及ぶところではないから、サイド物で話の面白さ、人間ドラマをねらうのが私の手口だった。大げさにいえばスポーツへの社会派的アプローチといったものだ」と違った視点でのスポーツ記事に自信を持っていた。
　では、石川らしさがのぞく記事を一つ紹介してみたい。時は1965年10月13日、神宮球場のナイトゲームである。産経対巨人の試合に巨人が勝てば、セ・リーグ優勝が決まるという一戦で、巨人担当の石川が書いた原稿の主人公は、打たれた巨人の先発金田でもなく、決勝本塁打を放った産経・杉本でもなかった。なんと神宮球場の食堂にいた料理人の話で試合の読み物を書いている。

　　神宮球場食堂の委託経営を引き受けている日下二郎氏は十三日の試合開始前、巨人軍から注文を受けた。「優勝が決まったらここで祝杯をあげます。百二十人分のビールと軽い食べ物を用意してください」。日下氏自ら前掛けをしめて大忙しの準備がはじまった。（毎日新聞，1965年10月14日朝刊）

　そんな書き出しのまるで社会面のようなスポーツ記事である。結局、巨人は敗れ、優勝は持ち越しとなるのだが、原稿は試合の内容や選手のコメントを紹介した後、またも料理人の話で締めくくられる。

　　そのころ食堂に「すみません。きょうはダメでした」と巨人軍から連

[第4章] 娯楽の追求

絡があった。「いやあ、たいしたことはないですよ。野菜だけですから……」と日下氏は前掛けをはずしながらいった。プンプンとトリのから揚げのにおいが立ちこめていたが、これも一晩冷蔵庫で眠る運命になった。十四日はうまく食べられるだろうか。(同前)

石川はこのような手法でスポーツを真正面からではなく、横から斜めから切り取って表現することを得意とした。そんな石川が活躍した1960年代から1990年代にかけて、メディアにはどんな変化が起きていたのだろうか。
同じく1965年の毎日新聞運動面。川崎球場での大洋(現DeNA)対阪神戦で、石川はなんと外野席に座って記事を書く。

　テレビを通して"お茶の間ネット裏"となったプロ野球観戦。それを何も入場料まで払ってわざわざ遠い外野席にはいるとは……。この質問に外野席ファンの答えはこうである。「特別指定料金まで払ってネット裏にはいる気が知れん。あそこはテレビと同じだ。外野席でみる野球は違う。まあ、一度見に来たまえ」。(毎日新聞、1965年6月21日朝刊)

試合は打撃戦の末、7－5で大洋の勝利。その模様を外野席の観客の声を挿入しながら描いた石川は記事をこうまとめた。

　放し飼いの牛とともに育ったベースボールを楽しむには、外野席ファンの方が正統派とも思われた。それに何よりもホームランがピンポン球のようにならず目の前にだんだん大きくなってくるのはすばらしいことだった。(同前)

テレビ時代の到来。そのことを意識しながら書いたスポーツの本来性を問う記事ともいえるだろう。戦後、ラジオに代わって登場したテレビは、スポーツを飛躍的に大衆化させた。プロレスの力道山やプロ野球巨人の王や長嶋を一目見ようと、街頭テレビには人だかりができた。やがてテレビは家庭に普及し、試合の経過は翌日の朝刊を待たなくてもテレビで分かるようになっ

たのである。

> 運動部記者が特ダネ狙いの社会部記者と決定的に違うのは、取材対象が各社のライバル記者ばかりか数万人の大観衆、あるいはしばしばテレビを通じて全国民までがそれを見ている点にある。つまりネタはほとんど共通であって、それをどう料理し、どう盛りつけて読者にご馳走するか、板前の腕の競争になる。(石川, 1986：p.229)

記者生活晩年に出版した『スポーツわが万華鏡』という本のあとがきに石川が書いた一節である。戦前の大御所の記者たちが目指したスポーツ報道のスタイルと決定的に違うのは、スポーツをみんなが見ている、という前提に立たなければならなかったことである。戦前の記者たちは自分が大衆にスポーツを広めなければならない、という使命感を背負っていた。しかし、テレビの登場、普及により、多くのスポーツはだれもが知る対象となった。だからこそ、取材や執筆に工夫を加えなければならなかったのだろう。

詩人の心と闘牛士のからだ

石川は哲学的にスポーツ・ジャーナリズムをとらえ、こうも書いている

> 僕のスポーツへのアプローチの方法や角度がいささか風変わりだったにしても、つまりはひとつのバリエーションにすぎず、僕自身さして胸を張る気になれない。僕はスポーツ・ジャーナリズムという砂浜に、自分の甲羅に合わせて穴を掘ったカニのような気がする。その穴から潜望鏡のように"カニの目"をのばして、自分の持ちえない「詩人の心」と「闘牛士のからだ」という両極端を高望みし、砂浜を横っ走りするのが僕のやり方だった。(石川, 1980：p.2)

ただ単にだれもが観戦しているスポーツをテクニックでうまく描けばいいと考えていたわけではないだろう。「詩人の心」という繊細なる精神性、「闘牛士のからだ」という肉体美と運動能力の調和をどう描くかにこだわりを持

[第4章] 娯楽の追求

っていた。しかし、石川は運動部長の後、編集局次長や特別報道部長の仕事をこなし、しばらくスポーツから遠ざかった時期があった。定年後、特別嘱託という形でスポーツ報道の現場に戻ってくるのだが、やはりスポーツ記者一筋に生きる人生をうらやみ、一人のアメリカ人記者に憧れを抱いていた。

1983年6月1日付のニューヨーク・タイムズ紙の記事に石川は目を留めた。スポーツ面に掲載された名ボクサー、ジャック・デンプシー[9]の死亡追悼記事である。「1920年代をスポーツの黄金時代たらしめて消え行く仲間たち。デンプシーはその最後に残った仲間たちの一人であった」。署名は「レッド・スミス」。さらに「この記事はタイムズのスポーツ・コラムニストだった故レッド・スミスによって準備された」と書かれてあった。地方紙の通信員から始まり、最後は名門紙の専属スポーツ・コラムニストとして生涯一記者を貫いたスミスが亡くなったのは1982年1月15日。デンプシーよりも先にこの世を去ったスミスによって書かれた予定稿を、ニューヨーク・タイムズは掲載に踏み切ったのである。

> 「あいつに万一のときがあったらオレが書く。いや、オレにしか書けないんだ」という老記者の誇り高き気概が、ヒシヒシと伝わってくるような気がするのだ。(略) スペシャリストとして半世紀以上もスポーツの現場をかけめぐり、いまこの感動的な遺筆をのこしたレッド・スミスの記者魂に、畏敬の念とともに羨望をも禁じえないのである。(石川, 1986：pp.52-53)。

スミスの記事を読んだ石川の感想である。メディアが変わり、記者のスタイルも変わり、またスポーツも変わっていく中で、石川泰司という日本のスポーツ・コラムニストは試行錯誤を繰り返しながら、理想の姿を追い求め続けたのである。

第2節　報知新聞の「激ペン」

報知新聞（現・スポーツ報知）には名物コラムがあった。白取晋（1939

― 93）が執筆した「激ペンです」は 1980 年 4 月から始まり、1993 年 8 月に亡くなる直前まで続けられた。当初は白取を含む 4 人のデスクが交代で書いていたが、1981 年からは白取が専任となった。

　報知新聞はいわばプロ野球、読売巨人軍の「機関誌」ともいえる存在だが、「激ペン」はその立場を逆手に取って、巨人戦のみにこだわり、その喜怒哀楽を巧みに表現した。執筆した試合は 2017 試合に及ぶという（丸山，2013：pp.50-51）。

　「激ペン」は異彩を放っていた。冷静なプロ野球批評のコラムではない。白取は「飲む、打つ、買う―男の 3 基本（基本ですかねえ）をやめろと言われれば、今すぐにでもやめてごらんにいれますが、巨人ファンだけは辞められません」（白取，1993：p.4）と公言し、あくまで巨人ファンの立場からコラムを書いた。巨人ファンの愛情を全面的に押し出しながらも、本人が「巨人の敵 No.1」と表現するほど、手厳しい批評を書き続けたのである。

　その第 1 回を紹介してみたい。1980 年 4 月 11 日。広島に 4 ― 5 で敗れ、開幕から 1 勝 4 敗と不振の長嶋巨人に対し、コラムの見出しは「全員、整列ビンタだ」と強烈なものである。

　　　だが「まだ開幕したばかり」などというのんきはもう許さん。負けられないとまなじりをけっしてやってみろ。きょうの試合で負けたら全員一列に並べて"整列ビンタ"を食らわすぞ。長嶋だって王だって容赦しない。（同前：p.10）

　このような暴力的な表現を含んだ記事である。今であれば、新聞社には抗議電話やメールが殺到していただろう。だが、時代がそれを許したのは、プロ野球が一般大衆、特に男性の娯楽であり、そうした人々の心境を白取コラムが痛快に代弁していたからに違いない。

　報知新聞の編集局長を務めた丸山伸一は、「スポーツ紙のジャーナリズム」という論文の中で、一般紙にないスポーツ紙の"売り"として、①競技スポーツの感動②競馬などギャンブルの興奮③芸能のエンターテインメント性――の 3 点を挙げている。

[第4章] 娯楽の追求

　「競技スポーツの感動」が売りだとは書いたが、迫力や臨場感、速報性などの点ではナマの競技観戦や高画質でライブ中継するテレビにかなわない。従って、スポーツ紙は、異なる切り口で、読者の脳裏に感動を再生してもらえるような「記事」を競うことになる。（丸山前掲記事：p.50）

　丸山はこう書いた上で、「激ペン」の例を取り上げる。テレビにはない、斬新な切り口で前日の試合を読者の脳裏に再生させる。まさに白取は巨人の試合を喜怒哀楽の手法で紙面に再現していた。しかも"べらんめえ調"という、新聞記事にはあまり見られない語り口で連日のコラムにアクセントを加えた。
　ただ、白取は単なるファンとして感動や怒り、ぼやきを表現していたわけではない。原稿のスパイスに、専門性をのぞかせることも忘れなかった。たとえば、1989年6月8日の大洋－巨人戦のコラムはこうである。

　　ホント、オレは野球について何も知らない。ふだん、野球のことでエラそうなことをいって、巨人の選手にガンをとばされている自分自身がおっかなくなってきたよ。もうこれからは、野球のことをいうのはやめて、政治とか哲学とかいった分野の話だけにしようか。（白取前掲書：p.133）

　へりくだった表現で記事の前置きをした上で、白取は巨人の先発投手、桑田の投球内容に言及する。

　　桑田は6回、市川に、0－2のカウントからは打ってこないだろう、と勝手に決めてホームランを打たれたり、7回に、ベテラン加藤に投げてはいけないゆるい球（カーブ）を投げて同点打を打たれたり、と失敗はあった。（同前）

自分が一般の巨人ファンであるかのような素人のふりをしながら、技術や戦術の話をちらりと挟み込んで、実は「見るプロ」であることを原稿にのぞかせていた。それが白取流といえた。

　白取が死去後に出版された『激ペンです　泣いて笑って2017試合』の本の扉には二つのコメントが寄せられている。一人は担当記者である白取と長く付き合ってきた王貞治であり、もう一人は作家、井上ひさしである。

　王は「あのコラムは野球を本当の視点からとらえていた。いろいろな故事、たとえを引用しての巨人の戦い方の分析が上手だった。厳しい指摘もあり、また読みかえしてみたいコラムです」（同前：表紙扉）と振り返り、井上は「切れ味が良くて、名文句をたくさんストックしている白取さんは、ものを書く同業者としては、例えば道ですれ違った時、武芸の達人のように、『ウム、油断ならぬ、出来る人だな』と思う人」と評している（同前：表紙裏扉）。

　この2人のコメントは、白取が野球批評家として一流の腕を持ちつつ、さらに上質のコラムを提供する名文家でもあったことを示している。テレビが台頭し、一般家庭に定着する1980年代から巨人を描き続けた白取。巨人という対象はスポーツとメディアを語る上でも外せない題材といえるだろう。

　テレビメディアによって一気に大衆の人気球団となっていた読売巨人軍。それを連日一面で報じる報知新聞。前節で石川が感じていたように、巨人の試合ぶりはテレビを通じて多くの国民が知っている。それを前提にコラムを書くのである。白取はスポーツ紙という媒体を使い、前日の試合を巧みにアレンジして提供するエンターテナー的な存在でもあった。

第3節　朝日新聞が伝えたプロ野球

　朝日新聞の野球記者といえば、主催する高校野球で健筆をふるった飛田穂洲のような大記者が有名である。そんな風潮とは異なる流れが生じたのは1990年代だった。

　報知新聞の巨人担当記者だった西村欣也が、朝日新聞に移籍したのは1990年。スポーツ紙の記者としてキャリアを積んだ西村が、そこで培ったプロ野球人脈と指折りの筆力を一般紙のスポーツ面で発揮するのにそう時間

[第4章] 娯楽の追求

はかからなかった。プロ野球選手の人情の機微を織りなすコラム「EYE　西村欣也」が始まったのは 1996 年。以来、20 年近くにわたって西村はコラムを書き続けた。

　おそらく飛田の時代にはなかった演出的な筆致で西村は文章を紡いだ。コラムを収録した文庫本『朝日新聞が伝えたプロ野球』から抜粋してみたい。「存在をかけた一球」のタイトルがついたコラムでは、二つの場面を取り上げている。一つは 1993 年 6 月 9 日、金沢でのナイトゲーム、ヤクルト対巨人戦で、九回 2 死までにセ・リーグ奪三振タイ記録「16」を奪っていたヤクルトの右腕、伊藤智仁が巨人の篠塚和典にサヨナラ本塁打を打たれてマウンドにひざまくシーン。もう一つは 1989 年 9 月 20 日での広島球場、巨人の江川卓が広島の小早川毅彦にこれもサヨナラ本塁打を打たれる光景である。江川に引退を決意させた一打といわれている。記事の一節を紹介したい。

　　　江川は、この年、肩痛が悪化していた。引退の気持ちが固まりつつあった。しかし、まだ家族以外には、もらしていない。もし、小早川を渾身の直球で押さえ込むことができれば、もう一年、戦いの炎を燃やすことができるかもしれない。かすかな望みが、怪物と呼ばれた投手の内側に芽生えていた。（略）「今年、一番の直球だったよね」。ぼくの問いに、江川はかすかに、うなずいた。広島球場の外野と内野の切れ目にある出口に向かいながら、人前で泣く江川を初めて見た。（西村，1999：pp.66-68）

　コラムの中に取材者である自分を登場させ、場面を描く。飛田の時代には考えられなかった手法といえるだろう。伊藤ものちに肩痛に苦しみ、非凡な才能を存分に開花させないまま現役を退くことになるのだが、その 2 人が浴びたサヨナラの一打を西村は短いセンテンスで「伊藤と江川のあの 1 球は血のにおいがした」（同前）と表現した。

　このように、西村は通常、新聞記者が使わないような表現を用いてスポーツを描き、朝日新聞スポーツ面に一時代を築いた。江川は『朝日新聞が伝えたプロ野球』の解説で、報知新聞時代から知り合いだった西村とその文章を

こう書いている。

> センテンスは短く、余分な形容詞は使わない。文章全体に抑制が効いていて、しかし、行間から立ち上がるイメージがある。文章の専門家でもない僕が、こんなことを書くのも恥ずかしいのだが、僕のピッチングと彼の文章は、確かに、同じ時代の空気を吸って、息づいていたのかもしれない。（江川，1999：p.299）

コラム最終回、後輩への伝言

技術評や戦術論ではなく、プレーの裏側に隠れた人間ドラマを描き続けてきた西村のコラム「EYE」は、2016年2月27日の朝刊が最終回となった。西村が定年を迎えたためである。最後にコラムの総括をしている。

> 「人が人の内面を書けるのか」。答えは今でもノーです。人は人のことを完全にわかることはできない。では、どうするか。取材という作業は綿密であらねばならない。そこにウソや不純物が絶対に混じってはならない。しかし、そこで「わかった」という気になってはならない。取材を通して得た材料を絵の具にして、肖像画を描く。それがスポーツライティングの楽しみだと思う。（朝日新聞，2016年2月27日朝刊）

西村はスポーツの人間ドラマを書く際に、すべて真実を書くことは不可能だと悟っていた。人間ドラマを描くだけでは不十分だと感じていたともいえるだろう。西村は単なるコラムニストだけでなく、もう一つの顔を持っていた。論争のある問題に対し、積極的に意見を発するようになったのである。

たとえば、プロ野球以外では、シドニー五輪担当記者として不透明な選考の末に代表入りできなかった競泳の千葉すずとの取材を通じ、日本水泳連盟の代表選考に明確に反対する論陣を張った。プロ野球でも、球団側ではなく、労働組合である日本プロ野球選手会の側に立ち、球界再編の先に1リーグ制をもくろむ巨人や西武、オリックスのオーナーに反対する論調を貫いた。「不偏不党」の立場ではなく、片方に立場を寄せて体制側を批判するという姿勢

[第4章] 娯楽の追求

が特徴的である。

「スポーツを書くとき、そのレンズは小さい。小さいからこそ、フォーカスが鮮明になる。だから、是々非々を明確に書ける」（同前）。西村はそう言ってのけるのだが、それは記者のタイプにもよるし、会社の報道姿勢にもよる。ただ、西村が在籍した時代の朝日新聞スポーツ面は、明らかに飛田時代の啓蒙的、教育的なスポーツ報道とは性質を異にしていた。娯楽性を求める半面、複雑な論争にも明確な立場を示して意見を述べる。「スポーツライティングの楽しさとスポーツ報道の意味を後輩に託したい」（同前）というのが、西村の最後のコラムに書かれた言葉である。

第4節　テレビとスポーツの相性

　NHKにディレクターとして杉山茂が入局したのは1959年。東京五輪の開催5年前という時期だった。以来、スポーツ番組の企画、制作に関わり、1980年代後半からはオリンピックなど主要大会の放送権交渉に携わった。NHKのスポーツ報道センター長を務めた後は、1998年長野冬季五輪ではマネージングディレクターという要職にも就いた。NHK退局後はフリーのスポーツプロデューサーとして活躍。いわば、日本スポーツ放送界における「生き証人」とも呼べる人物だろう。

　　テレビは、さまざまな文化と出合いながら、その歴史を刻んできたが、「スポーツ」ほどピタリと嵌（はま）った"相手"はなかったろう。もともとスポーツはビジュアルであり、見るものであった。その魅力を、活字時代は美文・麗筆のライターが描き、ラジオ時代になって美声・名調子のアナウンサーが伝え、熱狂を誘った。時代の先端をいくメディアとスポーツは、常に素敵なパートナーシップを結んでいたと言える。（杉山、2013：p.13）

　日本のテレビ放送は、1953年2月1日、NHKによって幕が切って落とされた。スポーツ中継は、それから2カ月が過ぎた4月12日、東京六大学野球、

春のリーグ戦、明大対東大戦である。5月には東京・蔵前国技館からの大相撲夏場所、8月には全国高校野球選手権が甲子園球場から中継され、プロ野球は8月23日、パ・リーグの阪急対毎日のナイトゲームが西宮球場から伝えられた。一方、NHKから約半年遅れて8月28日、民放では最初に日本テレビが開局し、翌29日には巨人対阪神のナイターが後楽園球場から中継された（杉山＆角川インタラクティブ・メディア，2003：pp.48-57）。

　巨人のオーナーでもある日本テレビの社長、正力松太郎は奇抜なアイデアで大衆の関心を引くことに成功した。街頭テレビの設置である。日本テレビは、国鉄新橋駅前西口広場など都内の主要駅や関東一円に街頭テレビを設置し、特にスポーツ中継に力を入れた。後楽園球場とは独占契約を結んで巨人戦を中継。中でも、プロレス中継は爆発的人気を呼び、大相撲から転向した力道山の試合は大きな脚光を浴びた。中継中は街頭テレビに群がる大観衆のため、都電がストップしたりしたという（橋本，1992：pp.216-221）。

　そのようなテレビスポーツ草創期にNHKに入った杉山は、1960年のローマ五輪の時は現地には派遣されていない。「羽田空港で受け取るアルミのケースにしまわれたビデオテープの中身は、わくわくさせるものがあった。ローマの風物、アスリートの豊かな表情、肉体の動き、オリンピックが画面にはじけた」（杉山＆角川インタラクティブ・メディア，2003：p.62）と振り返るように、当時は空輸で現地からのビデオテープが送られてきた。一方で、NHKは現地からフィルム伝送も試みたが、伝送に時間がかかりすぎ、速報性においても新聞やラジオに劣っていた。また、画質の面ではビデオテープにも後れを取っていたのである。

巨大化したテレビの影響力

　だが、テレビの技術革新は瞬く間にスポーツとの親和性を高めていく。その4年後の東京五輪では、通信衛星によって海外と結ぶ宇宙中継（現在の衛星中継）が実現しただけでなく、スローモーション・ビデオやカラー化、マラソンの全コースカバーが導入された。次々と新技術が採用されていく中で、テレビはスポーツの実像を遠くへ伝えるばかりでなく、よりリアルに見せることに傾斜していく。

[第4章] 娯楽の追求

　テレビによる五輪中継は、戦前の1936年、ナチス・ヒトラー政権下で行われたベルリン五輪で始まった。戦争の混乱を経てスポーツが復活し、戦後はテレビも次々と品質を向上させていった。テレビの普及はスポーツの大衆化を推し進めただけでなく、影響力をも巨大化させた。東西冷戦の下、米国とソ連や東ドイツとの五輪でのメダル争いが「代理戦争」と呼ばれたり、世界的な企業が協賛社を争う商業主義の渦に巻き込まれたりした。巨額な放送権料を支払うテレビ局は、自局の都合のいいように競技のプログラム変更を要求し、テレビの放送枠内に収まるようにルールが変わった。

　そのような時代を経ながらテレビはスポーツによる可能性を拡大させ、今では欧州サッカーや米大リーグなどが日常的にテレビ観戦できるようになった。だが、一部では人気スポーツを有料放送のキラーコンテンツとして囲い込み、視聴者が料金を支払わなければ、観られなくなるような時代にもなった。欧州では、国民的行事はだれもが無料でアクセスできる権利を主張する「ユニバーサルアクセス権」の議論が1990年代後半から行われている。しかし、日本ではそのような議論が起きず、プロ野球の視聴率低下にみられるように、テレビでスポーツを観る人が徐々に減り始めてきた。杉山はテレビとスポーツの関係に警鐘を鳴らす。

　　　スポーツはテレビで観るに限る、との嬉しい響きは、これからも絶えることはなかろうが、私はテレビ・スポーツの最大の役割は会場への誘いに尽きる、と思う。次の試合は現場へ、と足を向けさせてこそ、テレビとスポーツの出合いは、意味を持つ。（略）テレビは、これからもますます多様・多彩にスポーツの深さへ迫る試みを続けよう。それが、テレビのためのテレビの行動であった時代は過ぎた。テレビは、スポーツのために何ができるか、考える時間は、充分に積まれている。（杉山前掲記事：p.17）

　杉山の言葉を補足すれば、テレビの登場によって、スポーツを取り巻く世界は大きく変貌した。テレビはテレビの利益のためだけにスポーツを利用するのではなく、その影響力を自覚し、スポーツそのものをどうすべきか、考

えなければならない。それはテレビだけに限らず、スポーツ事業を古くから積極展開した新聞社にもいえることである。そのようなメディアとスポーツの関係を杉山は次のように指摘する。

> 1800年代後半、日本に伝来した「スポーツ」に力を注いだのは「広める」というジャーナリズムの一つの姿勢にそったものだが、それが新聞社や放送会社の「事業」に傾斜するのとは、本来、質が異なる。(略)全てがきれいごとではなく、新聞社の経営動機（発行部数の販売拡大）を見逃せず、「他社との競争」という営利がのぞきさえするが、ジャーナリズムのスピリッツより優先されていいわけがない。（杉山，2011：p.164）

将来のスポーツ・ジャーナリズムを考えるうえで、きわめて重要な視点である。長くテレビとスポーツの現場に身を置いた杉山の指摘は、メディアが何のためにスポーツを報道するのか、その本質を考えさせてくれる。

まとめ

テレビ時代の到来は、スポーツ報道を明らかに変質させた。それまでのジャーナリストたちは大半が高いレベルで競技をしてきた経験者であり、報道の目的も技術指導や精神性を説く「啓蒙性」に割かれていた。しかし、テレビはスポーツを大衆に瞬時に伝え、技術や戦術、スポーツのダイナミズムをすぐさま理解させることに成功した。その一方、活字メディアのジャーナリストたちは、これまでとは異なる手法を試し始めたのである。

第1節で取り上げた毎日新聞の石川が、外野席に座って野球を伝えようとしたのはその象徴的事例といえる。今でこそ、テレビは外野からの映像を用いているが、当時は新聞もテレビも外野席から野球を報じることなど考えもしなかっただろう。また、報知新聞の白取は、自社が関連するプロ野球球団である巨人をコミカルに皮肉を込めて批評するという高度な技術で読者を引きつけようとした。朝日新聞の西村は、文体や表現にこだわって独特のプロ

野球記事を執筆した。そのような流れに共通するのは、「娯楽性」である。何を伝えるかよりも、どう伝えるかを追求する時代になったということである。

　ジャーナリストたちが試行錯誤を続ける中で、テレビは大衆を強力に引きつけて視聴率の取れるターゲットとしてスポーツ放送の拡大を続け、技術を向上させていった。カラー放送やスローモーション、衛星中継などである。一方、活字メディアの多くもスポーツを真正面から取り上げるだけでなく、違った角度からもスポットを当てて面白く読ませることに力を注いだ。その傾向は次章で取り上げるスポーツ総合雑誌や出版メディアの傾向によって決定的なものとなる。

第 5 章

Number 創刊の衝撃
―スポーツ総合誌の隆盛―

第 1 節　江夏の 21 球

「名作再び。」と表紙の帯に銘打って山際淳司（1948 ― 95）の『江夏の 21 球』が角川新書から復刊されたのは、2017 年 7 月のことである。1980 年 4 月に文藝春秋社から発行されたスポーツ総合雑誌『Sports Graphic Number』の創刊号に掲載されたスポーツ・ノンフィクションである。翌年には『スローカーブを、もう一球』（角川書店）という山際の短編集に収められ、その後も版を重ねてきた。野球を題材にした著作も多い作家、重松清はこう評している。

> 日本のスポーツノンフィクションの歴史は、山際淳司を分水嶺にして、"以前／以後"に分けられるのではないか。それは同時に、雑誌『Number』を分水嶺にした"以前／以後"でもある。（重松，2004：p.16）

何をもって「分水嶺」とするのか。重松はこう続ける。「結論から先に言おう。山際淳司は、"自分が何をどう見たか"以上に"読み手に何をどう見せるか"を意識した書き手だった」（同前：p.17）

それまでのスポーツ雑誌といえば、基本的には競技ごとの専門誌であった。大会の展望や詳細リポート、技術解説、トレーニング法などが中心であり、スポーツ専門誌は今もその方向性を変えてはいない。しかし、Number 創刊は、そうしたスポーツ雑誌の路線を覆す点でも画期的だったといえる。その象徴

が山際の描いた「江夏の21球」だったのである。

1979年のプロ野球日本シリーズ、近鉄バファローズ対広島カープの最終第7戦。1点リードで最終回のマウンドに立った広島の抑えのエース、江夏豊が無死満塁のピンチを切り抜け、日本一の頂点に立つまでの21球を追ったドラマである。山際は決してスポーツ専門の記者だったわけではない。ピンクレディーのことを週刊文春に連載するなど、芸能の記事では新鋭のライターとして注目されていたが、野球に関しては単なる素人の一人に過ぎなかった。その山際にNumber編集部は創刊号のメーン記事を任せたのである。

創刊号の目次の下に筆者紹介の欄があり、「スポーツ・ルポルタージュを書くのは『江夏の21球』が初めてという気鋭のライター。(略)スポーツ・ルポの面白さについて——」と、山際本人のコメントが短く掲載されている。「人間の光と影がこれほど明確に見える世界はないですね」(『Sports Graphic Number』1980年4月20日創刊号)。

山際の文章へのこだわりが如実に表れている例がある。「江夏の21球」もNumber掲載時と単行本、文庫本になった時とでは微妙に表現が変わっているのである。たとえば、最後のシーンを再現してみる。

〈江夏はマウンドをかけ降りた。大きくとびあがり、その周囲に選手が集まり胴上げシーンに。古葉監督、そして江夏。その直後、江夏はベンチに戻り、うずくまって涙を流したという……〉=『Number創刊号』(同前：p.108)

〈江夏はマウンドをかけ降りた。大きくとびあがり、その周囲に選手が集まり胴上げシーンが展開された。古葉監督、そして江夏の体が宙に舞った。江夏のブルーのビジター用ユニフォームの背中には赤く《26》という数字がぬいこまれている。その《26》が、大阪球場の今にも泣き出しそうな空の下で舞った。その直後、江夏はベンチに戻り、うずくまって涙を流したという……。〉=単行本『スローカーブを、もう一球』収録(山際，1981：p.54)

[第5章] Number 創刊の衝撃

　重松が指摘している（重松前掲書, pp.17-20）ことだが、山際は単行本にするにあたって、大阪球場の空の模様や江夏のユニフォームのくだりを加筆している。新しい事実を書き加えたのではない。あくまで情景描写である。さらに単行本を文庫本にする際には文末の「……」を削っているのも興味深い部分といえる。

　山際が、「どう書くか」＝「どう見せるか」を重視していたとも読み取れる修正の跡である。また、どう見せるかにおいて、山際は決して江夏の人物ストーリーには仕立て上げていない。江夏の心理の揺れを詳細に描きながら、巧みに場面を書き分ける。

　試合のハイライトは1死満塁で江夏が近鉄のスクイズのサインを見破り、即座に外角高めに変化球を投げて空振りさせ、三塁走者をアウトにする場面である。このシーンにおいても、山際は、三塁走者の藤瀬史朗、打者の石渡茂、広島ベンチの古葉竹識監督、近鉄ベンチの西本幸雄監督、バックネット裏の解説者、野村克也らの側から場面を描く。その手法はカメラワークが切り替わるテレビのようでもある。

　心理描写で興味深いのは、広島ベンチがこのピンチに池谷公二郎、北別府学を次々とブルペンで投球練習させるシーンである。1シーズンを抑え役として働いてきた江夏は、自分が信頼されていないのかと疑心暗鬼になり、「なにしとんかい！」という気持ちを味方のベンチにいる古葉監督に抱く。それを察知した一塁手の衣笠祥雄がマウンドに近づいて江夏にささやく。「オレもお前と同じ気持ちだ。ベンチやブルペンのことなんて気にするな」。これで江夏は冷静さを取り戻す。

　衣笠は山際とのインタビューを振り返り、後にこう言っている。

　　こんな話、誰にする必要もない、俺たち二人がわかっていりゃいいんだよという雰囲気ができているんだよ。だから、誰が聞きにきても「あ、そう？　そう見えましたか」でおしまいにしていた。でも、山際さんは長いことかけて江夏の心をこじ開けて。（略）結局、江夏が根負けして言わされた。ある日江夏しか知らないような言葉を山際さんが言ったのよ。それで「あ、そうなの？　あいつ、しゃべったの？」って聞いたら「こ

こまで教えてもらいました」と言うわけ。あいつがしゃべれば、別に僕はどっちでもいいわけだから、しゃべりましたよ。（文芸情報サイト「カドブン」2017年7月19日）

「なにしとんかい！」という言葉は、グラウンド上でのきわめて内面的な心境であり、しかも味方ベンチの批判であるのだから、選手も話したがらない。いわば、テレビには簡単には描けない部分ともいえるだろう。それを山際は粘り強いインタビューで引き出した。Number 創刊から3年後の1983年1月24日、「NHK特集　スポーツ・ドキュメント　江夏の21球」が放送されたが、これは山際の書いた作品を映像でなぞるような手法に過ぎなかった。Number がスポーツ総合雑誌として広く読者に浸透していったのは、山際のように、テレビに描けない部分を意識して表現する手法が斬新だったからだといえる。さらに、スポーツ専門誌にもなく、一般紙やスポーツ紙にもないスポーツの側面を提供できたからにほかならない。Number 創刊をきっかけにスポーツ・ノンフィクションは花盛りとなり、山際はその象徴的な存在となっていく。

　山際はスポーツを書くということは自分にとって「メルヘンを書く」ことに近いと述べている。

　　　僕は、スポーツをノンフィクションというかたちで書いていますね。ところがたしかにそれはノンフィクショナルなストーリーなんだけれど、むしろ僕はメルヘンを書きたくて、それをノンフィクションの中に託しているんじゃないかと、ふと思うことがありますね。いくつもの事実を積みあげていって、ひとりの人間の全貌なんてどうやっても書けるわけないので、どうしても一部ですよね。一部の中に本質を見ようとする。そういう作業を繰り返しながら、行間に書き手の願望なり、思いなりが投影されていくと、それはおのずとメルヘンに似たものになっていく。（清水・山際，1987：p.42）

　山際の言う「メルヘン」は、スポーツ・ノンフィクションを語る上で、一

［第 5 章］Number 創刊の衝撃

つのキーワードといえるだろう。メルヘンという空想を現実の中に託すというのは、真実を解き明かすというジャーナリズムの原則に照らすと、きわめて危険な行為である。山際はそれを承知していたのだろうか。後述するが、山際に並ぶ作家たちにも同様の傾向がみられる。スポーツを題材としたノンフィクションに彼らは「メルヘン」を求めたのか、「真実」を求めたのか。

第 2 節　初代編集長

　1980 年 1 月 2 日、大阪・ロイヤルホテルの一室に江夏は現れた。広島が日本シリーズを制してから 2 カ月が経とうとしていた。部屋で待ち受けていたのは、文藝春秋社から新しく発行されることになった『Number』の初代編集長に就任した岡崎満義、山際淳司、そして、取材協力の元巨人コーチ、瀧安治の 3 人だった（岡崎, 2009b：第 7 段落）。

　岡崎は二つのことを江夏に頼んだ。一つは創刊号のポスターに上半身裸の姿で登場してほしいということ。そしてもう一つは、日本シリーズの九回の場面について、ビデオテープを見ながら 1 球 1 球解説してもらうということだった。岡崎はテレビ局からビデオテープを取り寄せ、電器店に頼んでビデオデッキとテレビをホテルの部屋にセットさせた。

　岡崎はなぜ、創刊号のメーン記事のライターに山際を選んだのだろうか。この選択は、スポーツ・ライティングの潮流を考える上でもその将来を示唆している。岡崎はこう述懐している。

> 　「江夏の 21 球」のプランを思いついたとき、真っ先に手を上げたのが山際淳司さん（故人）だった。それまで山際さんはスポーツとはまったく無縁のライターである。前年「週刊文春」にピンクレディに関する連載があり、その軽やかな感じの文章が記憶に残っていた。野球にはズブの素人の山際さんで「江夏の 21 球」は大丈夫か、と心配する声もあったが、彼の感性と文章力に賭けてみたいと思った（岡崎, 2003：p.4）。

　岡崎が意識したのは、立花隆[10]だったという。立花が 1974 年 11 月、『月

83

刊文藝春秋』に執筆した「田中角栄研究―その金脈と人脈」は、田中首相の土地転がしを丹念に調査したルポルタージュであり、これをきっかけに田中は首相辞任に追い込まれていく。しかし、立花は政治記者ではなかった。

　強い好奇心と細密な観察力と想像力、そして豊かなイメージを喚起する文章力があれば、なまじっかな専門家よりもまっさらな素人の方がパワーをもつ、ということである。（同前）

　岡崎は山際に立花の例を話し、ビデオを見ながら、「捕手のサインに一度首を振った後、ストレートを投げたのはどうしてですか」などと素人風の質問を江夏に投げ掛けることにしたという。いずれにせよ、この取材は山際から提案されたものではなく、Number編集部側のアイデアによって実施された。また、実際のインタビューも山際が単独で行ったものではなく、岡崎、瀧という2人も同席し、取材に加わっていた。巨人でコーチだった瀧は退団後に「巨人軍の真実」という手記を週刊文春に発表し、それ以来、岡崎とは付き合いがあった。Numberでは野球に関係する記事に協力し、「江夏の21球」でも技術的な面で影の重要な役割を果たしていた。こうして野球には素人であった山際をサポートしながら、質の高いノンフィクションを仕上げていったのである。
　岡崎はスポーツ総合誌を創刊するに際して、スポーツとファンの関係をこう考えていた。

　（大正から昭和初期にかけて＝筆者補注）その頃を少数エリート・スポーツの時代、というなら、『ナンバー』創刊の80年は、経済の高度成長後の大衆スポーツの時代、といえるだろう。とくにテレビの存在が大きかった。テレビの普及がスポーツファンを大量に生み出した。球場や競技場に見に行くだけでなく、その何十倍、何百倍もの人たちが、テレビでスポーツを楽しめるようになった。いよいよテレビ・大衆スポーツの時代が到来したのである。「ナンバー」を始めるとき、私はそのことを強く意識した。テレビと二人三脚でいく、テレビと平和的共存関係をつ

くりながら、雑誌をつくっていく。(岡崎，2009a：p.38)

　「江夏の21球」の取材手法もテレビ時代を意識し、ビデオを活用したものだった。そのような取材は新聞記者では考えもしない手法だろう。紙面が限られ、取材の時間にも制約のある新聞とは異なり、雑誌はじっくりと時間をかけ、テレビの映像を用いながらでも取材ができる。そのような新しい方法でスポーツ報道に新たな道を切り開いたといえるだろう。

　岡崎はテレビとの共存関係を意識して雑誌をつくったというが、その一方ではテレビに描けないものを求めていた。「ある一つのシーンに徹底的にのめりこんでいくには、時間をストップさせなければならない。現実の時間を追いかけていくテレビ中継ではそれはできない。球場に足を運んでも不可能である。当事者が心を開いて語ってくれるときにはじめて可能になる」(岡崎前掲ウェブサイト)という岡崎の言葉は、まさに江夏と衣笠のシーンを示している。テレビ中継では無理なことが、ビデオを用い、スローモーションを使うことで可能になり、新たな事実にたどりつける。「江夏の21球」を通じて、そういう新たな境地を切り開いたのである。

　山際はその後、スポーツ・ノンフィクションを数多く残し、晩年はNHKで始まったスポーツ情報番組「サンデースポーツ」のキャスターとなった。精力的にテレビの仕事に取り組んだ山際だが、病気で休養を余儀なくされた。その体は既に胃がんに侵されていたのである。山際不在の間、若いプログラム・ディレクター(PD)からは復帰に向けて「山際さんらしく、こうしたい」や「ナンバー的にはこういう風にしたほうがいいのではないか」という声が上がった。

　山際と一緒にサンデースポーツに携わった番組制作会社のプロデューサー、稲塚秀孝は「ここで言う"山際さんらしさ"とは、いわゆる『江夏の21球』のことである。"ナンバー的"とは、文藝春秋が発行するスポーツ雑誌『Number』の切り口をなぞらえた言い方である」(稲塚，2005：p.75)と書き残している。

　山際が復帰すると、PDたちは温めていた企画案を山際に提示した。しかし、山際の表情は一段と暗くなった。稲塚によれば、山際は苛立ちを見せながら

「なぜ若い人は『Number』のような手法を追い求めるのだろう。僕が作品を書いたのは15年も前だというのに……」と語り、「いまさら江夏の21球もないよね……」とつぶやいた。

　その会議の席上、山際は「NHKでやってみたいこと。アスリートたちが何を思っているのか、その言葉や背景には何があるのか。それを、テレビという媒体で掘り起こしてみたい」と話したという（同前：p.76）。若者のたちの独創性のなさを嘆きながらも、山際もテレビメディアで何ができるのかを模索していた。テレビにはできないことを求めた「江夏の21球」。では、活字や写真にできないテレビの面白さとは何か。どうしたらスポーツの本質に迫ることができるのか。山際が亡くなったのは1995年5月29日。享年46歳。志半ばというほかない、短い生涯だった。

第3節　直木賞作家が書くスポーツ

　海老沢泰久（1950－2009）は小説を主戦場とした作家である。スポーツライターとも言いにくく、ノンフィクションを専門とするライターでもない。だが、その見分けがつかないほど、海老沢の書くスポーツはリアリティに満ちている。

「海老沢泰久の名を聞いて、だれもがまず思い浮かべるのは、スポーツの世界に材を採って物語を織るのに類なく長じた作家というイメージであろう」（向井，1994：p.497）と評したのは、エッセイスト、向井敏である。野球小説でいえば、広岡達朗[11]がモデルとなった『監督』、巨人のエース、堀内恒夫を題材にした『ただ栄光のために』、モータースポーツでいえば、ホンダのF1チームを描いた『F1地上の夢』、レーサーの中嶋悟が主人公の『F1走る魂』、鈴鹿サーキットを舞台に繰り広げられた『F2グランプリ』の作品を描いた。一方では、プロ野球選手の晩年の姿を描いたノンフィクション『ヴェテラン』もある。読んでみても、フィクションとノンフィクションの見分けはつきにくい。

　海老沢がスポーツの世界に足を踏み入れたといえるのは、『監督』からだろう。『乱』という小説で1974年に小説新潮の新人賞を受けたが、それから

[第5章] Number 創刊の衝撃

は何も書いていなかった海老沢に担当の編集者が「そろそろ何か書いたらどうですか」と声を掛けたのがきっかけである。そこでひらめいたのが広岡達朗のことだった。以下は海老沢が「スポーツ小説について」（海老沢，1996：pp.6-9）と題して雑誌に書いたエピソードである。

　雑誌の取材で、海老沢はプロ野球の選手や監督をインタビューしていた。広岡に会ってみようと思ったのは、スポーツ新聞で広岡の気になるコメントを読んだからだった。
「長島は、ショートのぼくの目の前にとんできたゴロでも、横からパッととび出して、かっさらっていってしまったものです」
　この記事を海老沢が読んだ時、広岡はヤクルトの監督だった。コメントは巨人にいた現役を思い出してのことだが、引退した長嶋は巨人の監督に就任し、広岡のヤクルトと相対する立場になっていた。圧倒的強さを誇る巨人に対して、広岡の敗北宣言を意味するようにも読めたが、海老沢にはそう思えなかった。それでインタビューを申し込んだのである。
「長島（ママ）は野球が分かっていないということですよ」。広岡は無造作にそう言って、さらに続けた。「長島は天才だし、動きもよかった。ぼくが脇役になることも構わなかった。でもショートのゴロはショートがとるべきなんです。そうじゃなかったら野球にならない。チームプレーもあったもんじゃないでしょう。ようするに長島は野球を分かっちゃいないんですよ」
　海老沢はこのようなことを話す広岡に強い関心を抱いた。しかし、それをどう書けば小説になるのか分からなかった。スポーツ小説というものは、日本には存在しないに等しかったからである。
　それからも広岡と何度も会い、ヤクルトの内情も聞いた海老沢だが、ヤクルトの選手やコーチを物語に登場させ、「そのまま書いたら、実在の選手たちがきっといい顔をしないだろう」と考えた。かといって、「広岡達朗も、彼が監督をする球団も、両方とも架空の存在として書くのもどうかと思った。小説としてのリアリティが失われてしまうのではないか」と悩んだという。
　そこで監督は広岡のまま実在の同名人物にし、球団を架空のものにするという手法を思いついた。海老沢は「その設定を思いつくと同時にぼくはあらゆる制約から完全に自由になり、想像力がつぎつぎにふくらんで、広岡達朗

という人物がぼくの頭の中でおどろくほど生き生きと動き出すようになったのである。ぼくはただそれを楽しみながら書けばよかった」と振り返っている。

実在人物と小説の混乱

　小説『監督』で、広岡は弱小チーム「エンゼルス」の監督を務め、エンゼルスの選手名はすべて架空である。ただし、他チームはすべて実名にしているのもリアリティを出すうえでは重要なポイントになったといえる。そして、『監督』は1979年の第81回直木賞の候補作に挙がる。

　この時の選考委員に海老沢の手法は混乱を生じさせたようである。委員の一人、作家の村上元三は「まえがきに登場人物は架空だと断っているが、実在の人物を扱っている以上、かえって矛盾を感じた」(村上，1979：選評の概要)と述べている。結局、この作品で直木賞を受賞することはできなかった。その後も、『F2グランプリ』(1981年第86回)、『美味礼讃』(1992年第107回)でも候補作止まりだったが、『監督』から15年後の1994年第111回、F1チームに参加したエンジニアの物語『帰郷』で海老沢はついに直木賞に輝く。

　海老沢は描写が簡潔かつ正確であることで知られる。その解説力は、海老沢がパソコンの使用マニュアル本を書いた(海老沢，1997)ことでも折り紙付きである。『ただ栄光のために』の解説では、作家の丸谷才一が海老沢の文章を次のように評している。

　　海老沢は正統的な散文を書く。彼はこみいつた事情を、それについてまつたく知らない相手に、詳しく、わかりやすく、そしてすばやく伝達することができる。彼の叙述は明晰で、彼の描写は鮮明である。彼はずいぶんややこしい事柄を、もたもたした口調にならずに、こともなげに伝へてくれる。それは沈着冷静な斥候将校の書く報告文のやうに、簡にして要を得てゐる。(略)しかも彼の文章には、普通のノンフィクション作家にはない清新で鋭利な趣がある。その風情は、機能的でしかも優雅と要約してもいいかもしれない(丸谷，1995：pp.353-356)。

[第5章] Number 創刊の衝撃

　その筆致は、小説であれ、ノンフィクションであれ変わることはなかった。ノンフィクションを集めた『ヴェテラン』に収容された「成功者　平野謙」では、中日外野手の平野が本塁への返球を少しでも早くできるよう練習するくだりがある。海老沢はこう書いた。

　　平野が練習した結果、最後にぶつかった問題が、ゴロでヒットが転がってきた場合、ダッシュして行ったときに右足を前にして捕るほうがいいか、それとも左足を前にして捕るほうがいいかということだった。そのときの練習につきあったのは外野守備コーチの井手俊だった。彼らはどちらで捕ったほうが返球が早くできるか、何度もためした。（海老沢，1992：p.66）

　このように、海老沢は細部を簡潔に書くことができる。それはスポーツを描く上で、非常に大切なことだった。海老沢は『監督』を執筆する時に、注意していたことがある。

　　もっとも、書くにあたって気をつけたことがひとつだけある。野球のゲームの描写をしっかりと書くということだ。しかしそれは野球を題材にした小説だったからではない。広岡達朗という主人公の仕事は野球をすることで、したがって彼の思想や考えは、野球、すなわちゲームやペナントレースのどんな流れに対してどう反応するかによって表現されるべきだからである（海老沢，1996：p.9）。

　海老沢の求めるスポーツの本質は、選手の動きそのものに選手の考えが反映されるという考えに根ざしている。選手の裏話ばかりを追いかける風潮に、厳しい目を向けているようでもある。海老沢は、女性ノンフィクションライターとして注目を浴びた小松成美との対談でも、小松がサッカーの中田英寿を描いた作品『ジョカトーレ』（小松，2003）に対してこの点を鋭く突いている（海老沢・小松，2002：pp.15-22）。

「『ジョカトーレ』を読む限りでは、中田は観念的なことしか語っていないよね。実際のゲームについては、ほとんど触れていない。やはりゲームの後の一言が、われわれの想像力をかき立てるわけでしょう」と問い掛ける海老沢に対し、小松は「私は中田さんが自己の観念、つまり哲学を語れる選手だからこそ、人々の心を摑んでいると思うんです」と切り返す。だが、これにも海老沢は「ただ、やはりスポーツ選手というのは、自分の関わっている競技によって哲学を表現する以外に方法はないとぼくは思っているから、それには不満を覚えるんですよ」と反論する。

広岡が長嶋のプレーを語ったように、グラウンドやフィールドでの姿に、アスリートの実像が現れる。だからこそ、海老沢はたとえ小説であっても、プレーの細部を的確に表現することにこだわった。また、一流選手がメディアに対してプレーを説明することが少なくなった点についても、海老沢は手厳しい。

> ぼくがいまいちばん恐れているのは、中田もイチローも素晴らしい選手なんだけれども、このままだと語り継がれない可能性があるということ。発言を制限したり、イメージがコントロールされていると、本当の彼らの姿が書かれないことになってしまうでしょう。（略）逆にいえば、歴史の証人になることが、ぼくたち書く人間の仕事だから、それができないとなると、二十年後、三十年後に、彼らが忘れられてしまう可能性もあると思うんだ。（同前）

海老沢は現実と空想の間でスポーツを描いた小説家である。だからこそ、スポーツ報道を客観的に見ていたのかもしれない。中田やイチローが語らなくなった現状に対する海老沢の指摘は、スポーツ・ジャーナリズムの重要な課題を鋭く突いているように見える。

第4節　私ノンフィクション

第1回新田次郎文学賞を受賞した『一瞬の夏』は、世界タイトルに再挑戦

するボクサー、カシアス内藤を描いた沢木耕太郎のノンフィクション作品である。

「その日もまた呑んでいた。相手は三人。神田でビールを呑み、新宿でウィスキーを呑んだ」（沢木，1981：上巻p.7）。これが書き出しである。酒を呑んでいたのは、カシアス内藤ではない。沢木である。

沢木は新宿の酒場で編集者から、かつて取材したカシアス内藤が復帰するらしいと告げられる。スポーツ紙に4年ぶりにカムバックする記事が出ていたという。ボクシングを辞め、消息を絶っていたカシアス内藤がどうして復帰することになったのか。その心境を確かめるため、沢木は内藤のアパートを訪ねる……。

物語のあらすじは省略するが、注目したいのは「私ノンフィクション」と呼ばれる沢木の手法である。1981年に『一瞬の夏』を出版後、沢木は同じくノンフィクション作家の柳田邦男と中央公論紙上で対談を行った。テーマは「ノンフィクションは何を目指すか」である（柳田・沢木，1981：pp.58-74）。『一瞬の夏』について、沢木はこう説明する。

> この作品では、基本的に「私」という一人称を使って、「私」ということから絶対に離れないでいこうという方法論をとったわけです。それがどういう受け取られ方をするかというのが、僕の側の、やはり一番大きな興味だったんです。（同前：p.59）

取材対象者であるカシアス内藤と取材者である「私」が物語に登場し、2人が主人公であると読ませるストーリー展開となっている。

一方の柳田は元NHK記者の社会派作家である。柳田は自分のスタイルについて沢木との違いをこう説明する。

> 書こうとする対象をできるだけ自分の私有物から切り離して、読者と事実とを直接に結び付けていきたい、そのためには自分が間に立ったのでは邪魔になるだろうと思って、できるだけ「私」を消してその対象を書いてみようとしているわけです。（同前：p.59）

沢木の手法は、「私ノンフィクション」と呼ばれるだけでなく、「ニュージャーナリズム」ともいわれた。ジャーナリズムでは従来から客観性が重視されてきたが、ニュージャーナリズムは取材者がより対象者に近い位置に身を置き、主観を交えてリポートする。時には「私」がその物語の中に入り込む。1960年代にアメリカで始まったスタイルであり、1970年代後半に日本にも伝わってきたとされている。

　1964年東京五輪のマラソンで銅メダルを獲得した後、次のメキシコ五輪を前に自ら命を絶った円谷幸吉[12]を描いた沢木の作品「長距離ランナーの遺書」にはこんなくだりがある。

「円谷幸吉とその死の間にある亀裂をこの手で埋めてみたい、とぼくは思った」（沢木，1979：p.103）。

　通常のノンフィクションや新聞記事であれば、「ぼく」を含むこの一文は全く不要である。しかし、ニュージャーナリズムではこれが許される。沢木によれば、従来のジャーナリズムは"エピソード"を連ねて物語を展開するのに対し、ニュージャーナリズムは"シーン"を幾重にも連ねることで場面を再現していく。その表現方法はあたかも小説風である。主語が「彼」「彼女」や固有名詞の三人称であっても、文章ではあたかもその場にいたかのように"シーン"を描く。

　　書き手がシーンを手に入れる方途は、一に体験であり、二に取材であり、三に想像力であると考えられる。この条件はジャーナリストであれ小説家であれ変わりない。しかし、ジャーナリストには、ただひとつ、想像力を駆使することでシーンを獲得することだけは許されていない。（沢木，1987：p.60）

『一瞬の夏』で、沢木は「私」を物語に登場させることで、体験によってシーンを獲得できた。カシアス内藤との取材のやりとりは、すべてシーンとして文章になる。自分が見てきた、体験してきた話なのだから、すべてをシーンとして描くことが可能になる。

[第 5 章] Number 創刊の衝撃

しかし、この手法は記者が倫理観を持っていなければ、危ない誘惑にさいなまれることになる。そのことを沢木は自覚している。

> もう一度ニュージャーナリズムの方法論について考えるのは必要だと思うんです。僕が考えたのは、やはり自分も『テロルの決算』[13]を書いていた時、「あ、これは、もしこのスタイルで書いていけばいくらでもフィクションは可能だな」と思った。(略)読み手には絶対に検証の仕様がないわけですよ。(柳田・沢木,前掲記事:p.72)

ニュージャーナリズムの手法は、従来のノンフィクションとフィクションの境界線上にある表現法ともいえるだろう。前節で取り上げた海老沢泰久は、逆に小説家の立場からフィクションとノンフィクションのはざまを行き来している。

沢木は柳田との対談の中で、次のような発言もしている。

> 僕はジャーナリストとしての使命感なんて全然ないんです。僕はジャーナリストじゃないと思っているから。たまたまノンフィクションを書いているにすぎないと思っていて、現代におけるジャーナリストの役割とかいうことに対しても興味がないんです。(柳田・沢木前掲記事:p.68)

戦中・戦後を知る 1936 年生まれの柳田が、航空機事故や医療問題など社会的な題材をテーマにしているのに比べ、戦後世代の沢木の感覚は同じノンフィクションの書き手として、少し異なるのかもしれない。沢木はノンフィクションの方法論に興味を持ち、スポーツ選手をはじめとする個人的な世界を描くことによって、新しい時代を切り開こうとした。沢木本人は「ジャーナリストの意識はない」というが、「ニュージャーナリズムの旗手」と呼ばれた通り、影響力のあるノンフィクションを社会に次々と発表していった。

では、沢木にとって、スポーツを書くということにはどのような難しさがあったのか。スポーツを理解する上で、三つのレベルがある、と沢木は解説

する（後藤・沢木，2003：pp.404-405）。

　プロ野球の投手が投げる150キロの速球の凄さを分かるか分からないか。沢木の言うレベルとは①実戦でバッターボックスに立って150キロの速球に対した経験があり、本当に分かるレベル②野球界に非常に長くいるために、擬似的に分かるような感じなっているレベル③全然分からないレベル──である。沢木自身は三つ目の全然分からないレベルだという。では、スポーツを書くために「理解する」とはどういう行為になるのだろう。

　　僕は実際にリングで殴り合いをしてKOされたことはない。こういう話をするとすぐに「じゃあ殺人をしたことがなければ殺人者のことを書けないのか」という議論になるんだけれど、実は「そうなんだ、自分が殺人をしたことがなければ本当に殺人者のことは書けないんだ」と僕は思っているんです。殺したことがない奴には殺すということの本質的なものは理解できない（略）。本質的には理解できない、分からないという地点からぎりぎりのところまで、可能な限り肉薄しようという意識を持ちつづけながら何かを書くことはできる。（同前：p.404）

　スポーツが多様化する時代。メディアの側には専門家が少なくなり、スポーツ取材の現場も国内外と多岐にわたる。そんな現代だからこそ、本質に近づこうと取材対象に深く入り込んだ沢木の手法は、現代のスポーツメディアに何らかのメッセージを投げ掛けているように思える。

まとめ

　前章では新聞メディアのジャーナリストたちが徐々に娯楽性を求めていった状況を紹介した。続く本章ではこれが出版メディアにも波及し、スポーツ・ノンフィクションという新しい分野に発展していった経緯を取り上げた。
　その代表格となるメディアがスポーツ総合雑誌『Number』である。創刊号に「江夏の21球」を書いた山際淳司をはじめ、海老沢泰久や沢木耕太郎ら名ライターたちがスポーツを題材にした作品を次々と発表し、スポーツを

[第5章] Number 創刊の衝撃

人間ドラマとして描く風潮が深まった。

　こうした代表的なライターの作品は、幾多の賞を受賞しており、歴史に残る名作でもある。だが、これらの中には現実と非現実の間を行き来する微妙なタッチで描かれているものも多数あり、これをスポーツ・ジャーナリズムと呼べるかどうかは定かではない。たとえば、直木賞候補にも挙がった海老沢の作品『監督』は、実在の人物を取り上げながら小説を描くという、難しい手法にも取り組んでいる。一方で、プロ野球選手を題材にした『ヴェテラン』はインタビューを行ったうえでのノンフィクションである。

　沢木はノンフィクションの中に「私」を混在することによって、ストーリー展開をよりリアルに見せる手法を用いた。もちろん「取材」をしながら、自分も対象者と同じ現場で「体験」を積み重ねる。沢木は、小説家を含む書き手がシーンを描く上で材料を獲得するのは、「取材」「体験」、そして「想像力」と挙げ、ジャーナリストが「想像力」を駆使することは許されないと述べている。その一方で、自分はジャーナリストではなく、ノンフィクションを書いているにすぎないとも説明している。では、沢木の描いたノンフィクション作品はスポーツ・ジャーナリズムと呼べないのか。その境界線は実にあいまいである。

　スポーツ・ジャーナリズムは、娯楽性を高めることによって、読者や視聴者を増やし、スポーツの大衆化を推し進めたが、ジャーナリズム本来から逸脱する手法も許容するようになっていったのは事実として指摘しておくべきである。だが、その善悪は別にして、時代もそれを受け入れ、読み物としてのスポーツを楽しんだ。雑誌 Number が創刊してからの20〜30年は、そのような娯楽としての「スポーツ人間ドラマ」が好まれる時代だったといえる。

　だが、山際、海老沢、沢木らが活躍した時代以降、活字媒体におけるスポーツの娯楽に「新機軸」のようなものは見当たらない。そういう意味では文字によるスポーツ娯楽はもはや到達点に達してしまったのか。新聞や雑誌といったメディアでも、最近はウェブサイトで動画と文章をミックスする試みが主流になってきた。いわば文字のみで読ませるのではなく、映像の力を借りるということも新しい娯楽となってきたと見ることができるだろう。

第6章

メディアとスポーツの関係
―政治・商業主義との対峙―

第1節　スポーツ記者の批判精神

　第4、5章では、テレビが普及するに従って、スポーツ・ジャーナリズムが娯楽化の様相を強めてきた例を挙げた。新聞記者やノンフィクション作家たちは、テレビに映らない部分の面白さをさまざまな手法を用いながら追求し、「どう伝えるか」に重きを置いて情報を伝えようとした。

　その一方で、スポーツにはゆがみが生じてきた。テレビの影響力に目をつけた政治やビジネスが、スポーツを利用し始めたのである。その結果、1960年代後半からスポーツの側にも数多くの問題が露呈することになった。五輪は肥大化し、その舞台は東西冷戦の代理戦争と呼ばれるまで政治的な要素が絡むようになった。アマチュアリズムは崩壊し、テレビの発展に伴ってスポーツに過剰な商業主義が持ち込まれた。

　こうした時代の中で、スポーツ記者には試合を正当に論評し、スポーツ界の腐敗を追及、批評する仕事が求められている。単にスポーツを娯楽的に伝えるばかりではない。

スポーツとスポーツ面への侮辱

　川本信正（1907－96）は「五輪」という訳語の名付け親として知られている。読売新聞の記者だった戦前、東京が立候補した1940年夏季オリンピックの記事をめぐって整理部からオリンピックの略称を求められ、そこで発案したのが「五輪」。五大陸の輪や宮本武蔵の五輪書からもじったこの言葉が、日

本の全メディアに広がっていった。

　戦後、スポーツ評論家となった川本は、60年安保の問題が生じた時、岸信介首相が政治記者らを前に「新聞はスポーツ面しか読まない」と発言したことについて「スポーツ面に娯楽の要素は不可欠だが、私は岸氏のこの発言を、スポーツとスポーツ面への侮辱と感じた」と述べた上で、こう書いている。

　　　岸氏のような放言を封殺するためにも、スポーツ面には、批判精神にあふれた冷徹な評論が必要である。スポーツを人間の文化的ないとなみとしてとらえ、スポーツと社会、スポーツと政治などの関係に照明をあてた論評が欲しい。(略) さらにスポーツ記者への期待をつけ加えさせてもらうと、スポーツ記者は、少なくとも、政治、経済、社会、外信、文化各部記者の感覚と能力を兼備してもらいたい。(川本，1975b：p.18)

　川本はスポーツと政治、そしてメディアの関わり方に疑問を抱いていた。1964年東京五輪の男子マラソンで銅メダルを獲得した円谷幸吉が、次の68年メキシコ五輪を前に自殺した一件について、川本の見方は実に鋭い。

　　　防衛庁は、自殺した円谷選手を二尉に昇進させ、体育学校葬で追悼した。自殺者が、このような待遇を受けるのは、たいへんめずらしいことだ。円谷選手にとって、マラソンはもはや明らかにスポーツでなく、軍務だったのだ。(川本，1981：p.139)

　スポーツが政治に取り込まれてしまった結果、五輪を前にした選手が異様な精神状態に追い込まれる。川本は円谷の自殺を「軍務」という言葉を使って「殉職」だと評したのである。その訃報は海外でも報じられたが、スポーツ選手が国民的期待の重圧に耐えかねて自殺するというのは、海外ではみられない、と英国や米国メディアが報じたという。なぜ五輪の戦いが日本ではここまで悲壮感に満ちたものになるのか。川本は五輪とメディアと日本国民の「愛国心」の関係について、こう観察している。

[第6章] メディアとスポーツの関係

　この悲壮感は日本人の国民性から出たものといえるだろうし、スポーツにかぎって見られる現象ではないが、スポーツには勝敗があるし、それがすぐに底の浅い愛国的国民感情につながるから、いっそうその度を強めることになる。これをあおりたてるのが、スポーツ・ジャーナリズムである。ジャーナリズムが選手の力量を正当に評価して報道してくれれば、いかに熱しやすい国民感情でも、一応は冷静にうけとる。ところがジャーナリズムは、これも国民性のゆえだろうが、オリンピックなどが近づいてくるにつれて、しだいに『愛国的』偏向をましてくる。(略) そして、ひとたびその予想、つまり期待が裏切られたとなると、手の裏を返したように選手に対して批判を加える。(川本, 1976：pp.54-55)

　1964年東京五輪に関しても、川本は「根性」という狂信的精神主義のもとに選手が「野獣化」して人間性や個性が無視され、金メダル主義と日の丸主義、さらに政治的に自民党の思想にも結びついたうえに、自衛隊体育学校が選手強化に協力したのは当然の成り行きだったとみている。この構図は半世紀を経た今も変わっておらず、川本の指摘は2020年の東京五輪を前にしてもそのまま通用する。

　五輪の歴史を振り返れば、1972年ミュンヘン五輪でのパレスチナゲリラによるイスラエル選手団宿舎襲撃ほどの悲劇はないだろう。五輪の政治利用がついにテロにまで及んだこの事件は、スポーツが単に楽しむだけのものではない存在にまで巨大化してしまったことを示していた。イスラエル選手ら人質11人を含む計17人が亡くなった凄惨な事件の後、国際オリンピック委員会（IOC）はそれでも大会の再開を宣言した。この五輪史上最悪の事件に対し、川本は日本メディアのあり方を皮肉を込めて振り返る。

　再開後のオリンピックは、おそらくムードが変るだろうという予測は、みごとにはずれた。イスラエルとエジプトの選手団が消えたあと、オリンピックは悪夢を忘れて、なにごともなかったかのように、もとの盛観にもどった。メーンスタジアムには、陸上競技の好きなドイツ人観衆が

あふれて、歓声をあげた。日本のテレビやラジオも、これまた、ゲリラ事件など、さっぱりと洗い落して、日本選手がんばれの絶叫が復活した。（同前：p.165）

　スポーツと政治の関わりを意識せず、無邪気にスポーツをとらえることに、川本は警鐘を鳴らした。このミュンヘン五輪の事件において、日本選手の大半が追悼式に参列せず、早く競技をしたい、などと話したことについても、「メダル・アニマル」と書かれた新聞記事を紹介し、痛烈に「"平和"の錯覚、"平和"の幻覚が、オリンピックを"平和の祭典"という虚構に仕上げる。オリンピックの魅力は、まさにこの幻覚であり、"オリンピック精神"とは、幻覚剤のようなものだろう」（同前：p.166）と辛辣に批判した。
　スポーツの語源が「気晴らし」であるとの意味に立ち返れば、五輪が現実逃避の「幻覚」であることも否定はできないが、川本は"オリンピック精神"を幻覚剤ではなく、"人間精神"の覚醒剤にしたい」と表現し、貴族社会と揶揄されるIOCを「雲のうえから地上に引きずり降ろし、民主的な改革をとげて、スポーツのナショナリズムをインタナショナルに溶解する作業に着手することを待つほかはない」と論じた（同前：pp.170-171）。
　川本が亡くなって20年以上がたつ今も、五輪におけるナショナリズムが消滅することはなく、依然、国家の影響力を強く受けている状況に変わりはない。むしろ、その色合いは濃くなっているようにさえ見える。安倍晋三首相は、内閣官房長官時代に出版した著書の中で、スポーツとナショナリズムの関係について、「いま若者たちはスポーツで愛国心を素直に表現している。スポーツには、健全な愛国心を引き出す力があるのだ」（安倍，2006：p.80）と言及している。安倍政権下において、2020年東京五輪・パラリンピックの招致に成功し、国家プロジェクトとして日本で2度目の夏季五輪が開催される。だが、それを前にして、緊張と緩和に揺れる朝鮮半島だけでなく、日本を取り巻く領土問題、米国と中国の貿易摩擦など国際情勢は不安定なままである。

　　　　　わたしたちにとってのスポーツは、けっして「たかがスポーツ」と片

［第6章］メディアとスポーツの関係

づけてはしまえない人間的な深い意味をもっているのです。そのスポーツをささえるのは、平和な世界です。日本のスポーツには、かつて軍国主義によって、戦争目的に利用しつくされた暗い思い出があります。いま、わたしたちのまわりには、この日本を、いつか来た道へ引きもどそうとするあやしげな動きが、ちらつきはじめています。（川本，1981：p.210）

　川本が青少年向けに書いた岩波ジュニア新書『スポーツ賛歌』のあとがきの一節である。現在の世界情勢を見通したような文章に、後世に伝えるべきスポーツの本質が詰まっている。

第2節　世界の現場を知る

　川本が言うように、日本メディアの「日本選手がんばれ」の大合唱は、毎度の五輪で今も繰り返されている。自国選手のメダル争いばかりに焦点を当て、外国の選手やその国情には関心を示さない。そんな偏向報道は改善されるどころか、一層強まっているように感じられる。単に大会を盛り上げるだけならそれでもいいだろう。だが、スポーツを通じて世界の人びとが友好を図り、平和を推進することが五輪運動の根本である。その本質を理解するにはやはり、報道に関わる者が世界のスポーツに目を向けなければならない。

　ミズノスポーツ振興財団が主催するミズノスポーツライター賞が制定されたのは1990年度のことである。第1回受賞作品の一つは「アジア・スポーツ　新しい風」。取材を中心的に進めた毎日新聞東京本社運動部の大野晃は、同年秋に行われた北京アジア大会に向けて、アジア各国を一人で歩き、スポーツ報道に本格的な海外ルポの手法を持ち込んだ。

　連載の1回目はインド洋に浮かぶ小さな島、モルディブの話である。この国の陸上ナショナルチームの練習風景や日本から青年海外協力隊員として派遣され、スポーツ指導に励む男性を紹介した。今までスポーツ記事といえば、国内外のトップスポーツの話が中心だったが、大野はそれとは全く異なる視点でスポーツを捉えようとした。この「新しい風」では、タイやマレーシア

101

のボクシングやセパタクローの現場、シンガポールの市民スポーツクラブなどを取り上げた（毎日新聞1990年8月9－15日朝刊）。連載6本のうち、4本は大野が手がけたものだった。

　大野は2年後、取材の範囲をさらにヨーロッパへと広げた。1992年バルセロナ五輪を前にしたルポである。当時、ヨーロッパには大きな変化の波が押し寄せていた。1989年11月にはドイツ・ベルリンの壁が崩壊。なだれを打つかのように、東欧の民主化が進み、ついにはソ連が崩壊。そのような歴史の渦の中で、バルセロナ五輪が開かれようとしていたのである。

　バルセロナ五輪の特派員となり、「先乗り隊」として現地に入っていた大野は、大会を前にスペインを出て東へと向かった。東欧やソ連で何が起きているのかを現地に入って取材するためである。

　当時の東側諸国のスポーツ界といえば、すべてが国家に手厚く保護されたアスリートやコーチばかりだった。実際には国家に生活を保証されながら、表向きはアマチュアを名乗るアスリートたちを「ステート・アマ」と呼ぶ。大野が企画した連載のタイトルは「ステート・アマ消滅　再出発の旧ソ連・東欧スポーツ」である（毎日新聞，1992年6月5－14日朝刊）。

　財政難にあえぐ元国家スポーツクラブや、サーカスのようなショーの興行をせざるを得なくなったソ連の体操金メダリスト、東西統一で失職した東ドイツのマラソン金メダリストがスポーツ関係のビジネスマンへと転身していく姿を大野はリポートした。それまで東側諸国のスポーツ環境を取材するのは、西側の記者たちにとっては非常に困難で、国の取材許可を受けなければならなかった。しかし、国家という枠組みが崩れた東側諸国に足を踏み入れると、アスリートたちはその実像を次々と明らかにしたのである。

　スポーツ界にとって、東西冷戦は大きな意味を持っていた。1980年モスクワ五輪では、ソ連のアフガン侵攻に対する米国のボイコットに追随する日本や西ドイツなど西側諸国の多くが不参加の道を選んだ。その4年後のロサンゼルス五輪では逆にソ連や東ドイツなど東側諸国がボイコットした。メダル争いが「代理戦争」と呼ばれた時代を越えて、五輪は分断された。特にロサンゼルス五輪では、五輪マークの権利を使って税金に頼らない企業協賛制度を導入して大きな成功を収め、これが五輪の商業主義や選手のプロ化、企

[第 6 章] メディアとスポーツの関係

業によるスポーツ支配といった現象を招いた。

　さらに、東側諸国の民主化によって、スポーツは新しい時代に突入した。東側はステート・アマ、西側はプロという対立構図で進んでいた世界のスポーツ界が、一気に商業化の波に乗って進み始めたのである。スポンサーマネーやテレビの放送権料がはね上がり、五輪やサッカーW杯といったイベントは肥大化の一途を続け、スポーツはカネのなる木となった。これによってアマチュアという思想は消失し、選手やコーチの国外移籍も進んでスポーツはグローバル化したのである。

　大野はスポーツ報道の在り方をこう考えていた。

　　日本のスポーツメディアの多くは、スポーツの実相や環境に関心を示さなくなった反面、人間ドラマ、感動を声高に叫ぶようになった。スポーツは人間ドラマには違いない。しかし、人間ドラマであるからこそ、社会環境が大きく反映する。社会環境を無視してドラマは語れない。ところが、ともすれば、社会環境を離れて人間を描くことが、スポーツの本来の価値を伝えることと誤解されている。（大野，1996：pp.223-224）

　スポンサー企業がアスリートの競技環境を保証するようになった。広告代理店が介在し、マネジメント会社も次々と設立された。報道においても、広告スポンサー付きの特集が各紙で始まり、五輪でのメダル獲得が期待されるスター選手を批評なく取り上げる例が目立つようになった。メディアは商業主義と密接な関係を築き、取り上げる選手は一般社会からかけ離れた特別な存在のように扱われたのである。

　たとえば、1996年アトランタ五輪は、五輪のスポンサーであるコカ・コーラ本社のお膝元で開かれた大会であり、「コカ・コーラ五輪」と揶揄されるほど、商業主義と結びついていた。大野はこの五輪をこう振り返る。

　　オリンピックは全面的に商品宣伝媒体と化した。テレビ向け商品としての競技、タレントあるいは商品モデルとしての選手。そのイメージの宣伝利用。スポーツ用品、用具からハイビジョン・テレビやパソコン・

103

インターネットなどハイテク機器・施設の販売促進、そして観光の宣伝。これら全ての総合国際見本市としてのオリンピックは、あたかも万国博覧会のアトラクションの位置しか与えられなかった米国初のオリンピック、1904年第3回セントルイス大会へ逆戻りしたかと思わせた。（同前：pp.22-23）

セントルイス五輪は五輪単独で開かれた大会ではなく、その前回の1900年第2回パリ五輪に続き、万国博覧会付属国際競技大会として開催された、いわばショーの要素の強い大会だった。その証拠に、アメリカ・インディアンやアフリカン・ピグミー、ニグロ、パタゴニア人、アイヌ人、モロー族などの原住民を対象にした競技を「人類学の日」として実施された記録が残っている。IOCのクーベルタン会長は「この大会には教育的価値もない」として現地に行かなかったという（日本オリンピック委員会監修，1994：p.81）。

大野はこのような五輪の歴史をたどりつつ、スポーツがショー化しているのはメディアの責任が大きいとみている。マスメディアは画一化し、テレビ主導で娯楽性追求の雰囲気が強い。そんなメディアのあり方に厳しい目を向ける。

　　計算された面白さを目標とするテレビは、スポーツにショー的要素を持ち込み、ドラマを演出し、ヒーロー作りに動いた。実態を無視して、興奮を煽り、感動を押し付けようとしているとしか思えないスポーツ中継が少なくない。しかもワイドショー化したスポーツ・ニュース番組では、キャスターの一人よがりが幅をきかせ、選手たちの肉声が聞こえない。無理やりのヒーロー量産で、実態の正確な伝達や批判を欠いている。（大野前掲書：p.213）

2000年、大野は52歳で毎日新聞を早期退職。その後、日本スポーツ・ジャーナリズム研究会を設立し、インターネットサイトを開設した。そのサイト内のコラム「FSJ通信」の第1回にこう書いた。

[第6章] メディアとスポーツの関係

　　テレビ、スポーツ紙、週刊誌、諸雑誌などによる選手のアイドルタレント扱いが進むとともに、スポーツ報道を名乗りながら、スポーツそのものを報道しないスポーツ・メディアが大手を振り、一般紙までもが、この風潮に乗り遅れまいと変節を見せ、こぞってスポーツの営業利用競争にしのぎを削る有様である。日本におけるスポーツ・ジャーナリズム消滅の危機を迎えていると言えるだろう。（日本スポーツ・ジャーナリズム研究会ホームページ）

「消滅の危機」と大野が述べた時からすでに20年近くが経過しているが、果たしてスポーツ・ジャーナリズムの意識改革は進んだのだろうか。2020年の東京五輪・パラリンピックの開催が決まり、メディアの注目が2020年に集中する中、大野が指摘したスポーツの商業主義や「ショー化」は一層進み、ジャーナリズムにとっては軌道修正が難しい時代に突入している。

　だが、大野が実践した「調査報道」の手法は、国内外を問わず、スポーツの環境を監視するというジャーナリズムの機能を発揮する意味で、今後も継承されるべき技術である。

　たとえば、2013年度の新聞協会賞には、共同通信の「柔道女子代表の暴力・パワーハラスメント問題のスクープ」が選ばれた。ただ単に試合の取材をしているだけでは得られない重要な情報が、時間をかけた調査から浮かび上がってくる。調査報道には時間も予算もかかり、スポーツ・ジャーナリズムに対する理解と意識がなければ、実践は困難といえる。ジャーナリズムが利益優先に流されず、本来の機能を果たせるか。報道に関わる者の意識が問われている。

第3節　スポーツを殺すもの

　辛口の批評でスポーツ界の問題に切り込むジャーナリストがいる。講談社、文藝春秋社の週刊誌記者を経てフリーライターとして健筆をふるう谷口源太郎である。1938年生まれ。80歳を超えながらも、その厳しい視線は変わることがない。ルポライターの鎌田慧は、谷口をこう評している。

スポーツライター志願者がふえているのは、スポーツ産業繁栄の余慶だが、畏友・谷口源太郎は、バブルのなかでの数すくない「反骨のスポーツライター」である。熱狂と歓声のスタンドに沈潜して、いまや欲望産業になったスポーツ界を、感情過多な美辞麗句で飾りたてることなく、社会学者の眼で沈着冷静に観察、分析、たしかな報告を着実に送りとどけてきたのは、そのスポーツへの想いが、ひと一倍強いがためである。(鎌田，2002：表紙帯)

　鎌田のいう「バブル」とは、日本経済の規模が急膨脹した1980年代後半から90年代前半のいわゆる「バブル時代」を指すだけでなく、Jリーグ発足(1993年)、長野冬季五輪(1998年)、サッカー・ワールドカップ日韓大会(2002年)など新しい動きが相次いだ「スポーツバブル」をも意味するのだろう。スポーツ産業が膨らんでいく中で、スポーツメディアも隆盛を迎え、スポーツライターになりたいという学生も増えた。その中で谷口は明らかに異質な雰囲気を放っている。
　谷口は試合を書く記者ではない。チームの調子や選手の活躍を伝えるわけでもない。そういう結果報道ではなく、スポーツ界の在り方を徹底して問い、不正やゆがみを舌鋒鋭く批判することを貫いてきた。そして、メディアの報道にもその怒りをぶつける。谷口は次のような言葉でメディアとスポーツの関係を非難する。

　　メディアの戦略は、感動を与え、興奮を引き起こす娯楽の目玉商品の一つとしてスポーツ報道を生産(様々な演出を加える)し、それを視聴者に消費させることである。巨額の放送権料を投資することからメディアは、娯楽としての商品価値(視聴率を基準として)を厳しく求めスポーツを選別するとともに、より商品価値を高めるためにスポーツイベントを主催するスポーツ競技団体に演出を凝らして華麗でエキサイティングなイベントへとショーアップするよう促す。(谷口，2002：p.256)

[第6章] メディアとスポーツの関係

　巨大利権に浸る国際サッカー界やオリンピック、ハコモノ行政とつながる日本のスポーツ大会誘致、「ドン」と呼ばれた一人の男に支配されるJOC（日本オリンピック委員会）、メディアの道具になったプロ野球、相撲協会の古い体質、スポーツ界にはびこる暴力・セクハラ、サッカーくじという名のギャンブル頼みのスポーツ振興……。それらの問題を取り上げ、谷口は『スポーツを殺すもの』と書き、著書のタイトルにしたほどだった。

　谷口は、JOC会長として権力をふるう一方、西武ライオンズのオーナーとしてもプロ野球界に強い影響力を発揮したコクド会長、堤義明を徹底批判した。

　そんな谷口に西武鉄道グループの中堅幹部Aから誘いがかかる。赤坂プリンスホテルの日本料理屋に出向くと、週刊誌で堤批判のコメントをした谷口にAは「素直な意見をいってもらう人たちを集めたいと考えており、その一人として加わってもらえないか」と要請したのである。だが、谷口はそれまでの姿勢を変えることなく、従来どおり外側から堤をウォッチしたいと答え、要請をきっぱりと断った。谷口によれば、Aは新聞記者にも同様の要請をしていたという。堤の周りにジャーナリストを集め、手なずけていく。そうして批判勢力を押さえていく手法だった。
「素直な意見を出し合う、といっても、いったんそうした集団に入れば、ジャーナリスティックな視点がマヒしてくることは、容易に想像できる」と谷口は証言する（谷口，1992：p.9）。

　1998年に開催された長野冬季五輪も、堤のビジネスと密接な関係にあった。志賀高原・焼額山スキー場を開発した堤は、真向かいにある岩菅山もスキー場開発し、将来的には苗場山とも連結させてコクドが広域リゾート開発を行う。交通の便が悪かった長野県だが、そこに新幹線や高速道路、幹線道路が通るよう開発を促す。堤がJOC会長として誘致した長野五輪は、そのような意味合いも併せ持っていたのである（谷口，1997：p.167）。

　堤が西武鉄道株に関する証券取引法違反で逮捕され、表舞台から去った後も、谷口はスポーツ界に厳しい目を向け続けている。堤はビジネスマンだったが、その後にスポーツ界の支配に乗り出したのは政治家たちである。

政治家によるスポーツ支配

　2005年、森喜朗元首相が日本体育協会の会長になったのを皮切りに、政治家たちは次々と競技団体の役員としてスポーツ界に足場を作った。さらには強化費として巨額の補助金を競技団体に振り分け、政治家と関係していなければ、競技団体の財政が成り立ちにくいようなシステムを作り上げた。東京都はオリンピック招致に乗り出し、政治の力が前面に出るようになった。スポーツ基本法が制定され、スポーツ庁も創設された。また、公益法人制度改革によって国家が競技団体を指導するようにもなった。こうしてスポーツ界の独立性がじわじわと侵食されていったのである。

　スポーツ基本法は前文に「ここに、スポーツ立国の実現を目指し、国家戦略として、スポーツに関する施策を総合的かつ計画的に推進するため、この法律を制定する」と明記している。谷口はこの法律の文言の問題点をこう指摘する。

　　「スポーツ立国」ということで想起するのは、冷戦時代に旧東ドイツが国威を世界に示すために国際舞台でのスポーツ成績の向上を国是としていたことである。しかし、それがもたらしたのは、国家管理のもとでの組織的なドーピングなどによる選手のロボット化であった。（谷口，2009：pp.9-10）

　スポーツ立国の名の下に国威発揚を進めていけば、スポーツ本来のあるべき姿である人間性が失われていく。その危険を「ロボット化」と谷口は言い切る。

　　資本や国家の介入による弱肉強食の競争社会のなかで、人間の尊厳や人間性が著しく壊されてきた。スポーツの世界もその例外ではなかった。メディアが横暴なまでに介在して、競技スポーツ選手は商品化されるとともにどんどん使い捨てにされる一方、「日の丸」ブランドの商標を付けられて国威発揚のための材料・道具として利用された。極めて残念なことに、選手たちは、そうした理不尽に抵抗の叫びを上げることなく、

[第6章] メディアとスポーツの関係

黙って従うだけだった。（同前：p.249）

　メディアと巨大イベントの結びつきは21世紀に入って急速に強まったといえるだろう。2002年のサッカーW杯日韓大会の協賛社には朝日新聞が入った。このような動きは2000年シドニー五輪をオーストラリアの地元新聞社が協賛した頃から目立ってきたが、日本でも朝日新聞のW杯協賛を皮切りに、読売新聞がJOCスポンサーとなり、2020年東京五輪・パラリンピックをめぐっては、朝日新聞、毎日新聞、読売新聞、日経新聞の4社がオフィシャルパートナー、その下位協賛カテゴリーであるオフィシャルサポーターには産経新聞と北海道新聞が名を連ねた。新聞社側はスポーツ支援による文化振興を協賛の理由に掲げる一方、広告収入やブランド価値の向上というメリットを受けている。

　谷口は「新聞に求められるのは、『社会の公器』として批判、監視などジャーナリズム機能を発揮することであろう」と述べ（谷口，2002：p.26）、スポーツイベントに絡んだメディアの商業主義に厳しい目を向ける。メディアがスポーツを報道だけでなく、運営や協賛面でも支援し、それがスポーツの大衆化に果たした役割は大きい。だが、メディアとスポーツの関係がいっそう密着・拡大する中において、谷口はジャーナリズムが果たす本来の機能が損なわれては困ると警鐘を鳴らし続けている。

第4節　日本的環境とメディアの矛盾

　2012年、大阪市立桜宮高校のバスケットボール部で起きた男子部員の自殺は、日本スポーツに根深く残る体質を改めて露呈するかのような事件だった。同年12月22日、練習試合の会場でキャプテンを務める2年生男子生徒を、バスケット部の男性顧問が何度も殴り、生徒は翌日に自宅で遺書を残して首をつって死んだ。

　　　これは一高等学校の事件にとどまるものではない。日本のスポーツ界と体育会（スポーツ教育界）全体に蔓延る重大な問題点が象徴的に現れ

た大事件と言える。なぜなら、本来スポーツにおいては絶対に否定され、排除されるべき暴力が、我が国では「体罰」として容認されていたのだから……。（玉木，2013：p.43）

スポーツライターの玉木正之は、この桜宮高体罰自殺事件が、日本的なスポーツの風潮に根ざしていることを強調する。スポーツとは人間社会における「闘い」や「争い」といった「暴力行為」を「ルール化＝非暴力化」し、「ゲーム化」することによって成立したものである、というのが玉木の持論といえるだろう。だからこそ、近代スポーツは、民主主義の発展した古代ギリシャや近代のイギリスで発展し、平和主義に根ざした「反暴力」を実現するヒューマニズムの象徴的文化だと玉木は考える（同前：pp.48-49）。

玉木の論に従えば、スポーツとは何か、スポーツがどう発展してきたかも日本の体育教育では教えられていない。試合での技術や戦術ばかりを教えられた選手がただひたすら勝利を目指して戦い、現役時代に体力にめぐまれ、技術や戦術で「上位」に立った者が引退後に指導者になる。「体罰」という名の暴力によって指導を受けた者が、指導者になって同じことを繰り返す。体罰容認論がいつまでもなくならないのは、そうした日本的な風潮がいつまでも根深く存在しているからだろう。指導者のことを「監督」と呼び、教育を受ける「選手」との主従関係が体罰につながっている。先輩と後輩の上下関係もまたしかりである。

スポーツに対する基本認識の欠如から、実にさまざまな日本のスポーツの問題点が派生してくる。そんななかで最も大きな問題点は、やはりスポーツ・ジャーナリズムのあり方、といえるのではないだろうか。（同前：p.53）

そう指摘する玉木は、メディアがスポーツ事業を主催・後援している実態に手厳しい。ジャーナリズムには三つの役割（報道、批評＝批判、啓蒙）があり、多くの新聞社やテレビ局が事業に力を入れるのは、基本的にジャーナリズムの自殺行為になると考えている。自らが主催するイベントや団体の批

[第 6 章] メディアとスポーツの関係

判ができなくなり、単なる宣伝媒体となってしまう危険性があるからである。

　夏の高校野球を主催している朝日新聞社、選抜高校野球と都市対抗野球を主催している毎日新聞社、東京読売巨人軍を所有している読売新聞社、ヴェルディ川崎（現・東京ヴェルディ）を所有し、全国高校サッカー選手権を主催している日本テレビ、全国高校ラグビー大会を協賛している東京放送、F1 日本グランプリを主催し、全国高校バレーボール選抜優勝大会を主催しているフジテレビ等々、マラソン、駅伝、ボクシング、水泳その他各種のスポーツ競技大会にマスメディアが主催者や後援者として名前を連ねている現状を見ると、日本にはスポーツ・ジャーナリズムが存在しないと断言してもけっして過言ではないだろう。（玉木, 1999：p.144）

※主催・後援に関しては現在と異なるものもある。

　メディアでの露出は、プロに限らずアマチュアスポーツであっても、有効な宣伝の手段になる。宣伝効果を意識する学校が予算をつぎ込んで強化に力を入れる。その結果もたらされるのは、スポーツを楽しむよりも、勝つことにのみ意味があるという勝利至上主義である。勝利至上主義は健全な環境を阻み、スポーツの現場に過剰な主従関係、暴力、ハラスメント、ドーピングを持ち込む。日本スポーツに、そのような図式が存在する点は否めない。

　学校スポーツにも目を向けてみたい。学校がグラウンドや体育館といった「場」をスポーツに提供し、教員が指導者を務める。そんな身近で安価なスポーツ環境を、学校現場が用意してきたメリットはきわめて大きい。スポーツがもたらす教育価値もある。だが、学校を卒業すれば多くの若者がスポーツの場を失う。部活動の「引退」によって、スポーツの場から切り離されてしまうのは、日本特有の事情といえるかもしれない。生涯を通じてスポーツを行う場が整備されているわけでなく、それが日本にスポーツが根づかないといわれる背景にもなっている。部活動の顧問をしいられる教員の負担も社会的な問題である。

　1995 年度からは文部科学省が「総合型地域スポーツクラブ」という事業

を始めたが、さほど一般に認知されず、日本のスポーツ環境を変えるまでには至っていない。サッカー・Jリーグの発足をきっかけに、地域スポーツの重要性が叫ばれ続けているが、日本のスポーツが学校から地域へと移行するにも時間はかかる。そして、学校スポーツの大会には今もメディアが深く関わっている。その中でスポーツ・ジャーナリズムはどのような機能を担っていくか。日本のスポーツ界に長く横たわる課題である。

記者の主張と主催事業の整合性

　2018年の夏は例年にない猛暑となった。気温40度を超える都市が複数出て、酷暑という方がぴったり当てはまる夏である。そんな中、高校野球をめぐってネット上では論争が起きていた。

　朝日新聞の記者が書いた熱中症予防の記事をめぐり、「それなら夏の甲子園大会をやめろ」という意見が沸騰したのである。記事は、滋賀県大津市の中学校の男子ソフトテニス部で、校舎の周りを80周走らされた部員が救急搬送された問題を取り上げて熱中症の危険性を指摘し、「『それは無理』と感じた時、『もうダメだ』と体に異変を感じた時、仲間の様子がおかしい時、自分や仲間を守るために、声を上げましょう」（朝日新聞DIGITAL, 2018年7月15日）と呼び掛けたもので、記事内容に異論をはさむ余地はない。

　これに対し、Twitter上で158万人もの驚異的フォロワーを持つメディア・アクティビスト、津田大介が「こんな記事出せば『なら朝日新聞は夏の全国高校野球選手権の主催をやめろ』と言われるのは当然なので、いい加減朝日新聞は夏の甲子園退会（ママ）やめることを真剣に検討した方がいいと思う」（Twitterアカウント「@tsuda」のツイート，2018年7月16日）と発信。このツイートには、「リツイート」と「いいね」を合わせて4000件近い反応があり、議論が拡散していったのである。

　記者の主張と主催事業の実態がかけ離れることは常に起こりうる。いつも整合性がとれるわけではなく、矛盾が生じることは商業メディアの中ではいかんともし難いテーマといえる。一般の人びとがインターネットで自らの考えを発信できる時代。メディアや記者のあり方が批判にさらされることも、頻繁になってくるに違いない。

[第6章] メディアとスポーツの関係

　元朝日新聞記者の中条一雄は、90歳を超える大御所だが、1979年当時、朝日の現役記者でありながら、こんな意見を述べている。

　　スポーツは歴史的にみて、たぶんに新聞社のコマーシャリズムに利用されてきた。スポーツの行事を主催あるいは後援し、年間の賞を出したりしているのは、ほとんど販売政策上やっているといっていい。だからこそ、物事をことさら美化し、誇張し、歪曲しても、会社のために働いているのだからと平気なのである。（略）ムードにわれを忘れ、ムードに振り回されるマスコミが私は少なからず恐い。といって私は、商業紙の形は悪いとは思わない。経営不振でつぶれそうだからといって商業紙は、国から補助金をもらってはならない。むしろ政府発行の御用新聞になった時の方がなお恐い。ムードによって政府の宣伝をし、国民が虫けらのように扱われることがあるからだ。（中条, 2010：p.36）

　中条は「いちばんいいのは、商業紙が自らの手で経営を考えつつ、見識を持って紙面をつくることである」と結論づける。日本におけるスポーツの発展はメディアの事業と連動してきた歴史がある。だが一方で、批評を行うジャーナリストの立場とメディアの間には時に溝もできる。中条は1953年から86年まで30年以上も朝日新聞に在籍し、商業紙の中に身を置きながらスポーツ報道の最前線で活躍した記者である。それだけに、この言葉は重みを持つ。中条の言う「見識」を問い続けることが、スポーツ・ジャーナリズムの存在価値を維持することにつながるはずである。

まとめ

　本章ではメディアとスポーツの関係に注目し、スポーツを取り巻く「環境」に目を向けたジャーナリストたちを取り上げた。1970年代以降、世界のスポーツ界は徐々に変わっていった。まずは商業主義が入り込み、米国をはじめとする西側諸国ではプロ化が進んだ。これに連動してスポンサーマネーが重要な比重を占めるようになり、テレビ放送権料も高騰の一途を続けたので

ある。一方、旧ソ連や東欧といった東側諸国では「ステート・アマ」と呼ばれる国家による選手の手厚い保護が進み、競技を実質的な仕事にする、別の意味でのプロ選手たちが現れた。そうして、西側と東側の対立構図が明確になった。だが、1989年のベルリンの壁崩壊をきっかけに東側の国家体制は倒れ、世界のスポーツ界は西側の商業主義的システムを全面的に受け入れたのである。

　このような歴史の中で、スポーツメディアは商業主義を加速させる報道を続け、娯楽的要素を強めていった。影響力のあるテレビだけでなく、活字メディアも、スポーツの「感動とドラマ」を追求し続けた。勝利に最大の価値を置く勝利至上主義が蔓延し、日本では勝つための体罰も頻繁に問題視されるようになった。勝利至上主義は商業主義にもつながり、メディアがスポーツを熱狂的に取り上げることによって、その動きに拍車をかけた。五輪など巨大イベントでの勝利（メダル）は国威発揚にも絶大な効果を発揮することから、日本をはじめ西側諸国でも再び国家がスポーツに介入し始めている。

　そうした数々の問題に目を向け、スポーツ・ジャーナリズムのあり方に疑問を投げ掛ける硬派なジャーナリストたちを改めて取り上げてみた。ジャーナリズムの世界で硬派といえば、政治や経済、国際報道などを指し、軟派は新聞の社会面のような事件や事故、芸能、スポーツなどの報道といえる。本来は軟派な部類に属するスポーツなのだが、スポーツを硬派的にとらえることによって、スポーツ界の本来あるべき姿がみえてくる。

　スポーツが社会の中でどう位置づけられ、どのようにスポーツ文化が形成され、発展していくのか。その「環境」を監視する役割の重要性に一部のジャーナリストは気づいている。だが、それが大きな潮流になっているわけではない。

　インターネットという新しいメディアの拡大によって、消費者の行動も変わり、新聞や雑誌、テレビといった既存メディアの収入は落ち込んでいる。そんな中でメディアがスポーツを収入源と考える傾向は以前にも増して強まっていくかもしれない。また、ネットから消費者が意見を発信することにより、ジャーナリストやメディアが批判にさらされるケースも過去にないほど増えてきた。

［第6章］メディアとスポーツの関係

メディアとスポーツの関係が新しい時代にどう展開されていくのか。どうあるべきか。そんなことを考えながら、最終章では提言も試みたい。

> 最終章

新時代に向けて

第 1 節　スポーツ報道の発想転換

　文藝春秋が『Number Do』という新しい雑誌をスタートさせたのは、2010年 11 月のことである。第 5 章の「江夏の 21 球」で紹介した『Sports Graphic Number』が創刊してから 30 年が経過していた。兄弟誌のような雑誌であり、最初のテーマは「大人の RUN！ 一冊まるごとランニング特集」。表紙を開くとこんな紹介文が掲載されている。

> 　日本全国、カラダを動かしている人がどんどん増えている、そんな勢いを感じます。ナンバーは創刊以来、ずっと「見るスポーツ」を特集してきましたが、この状況はやっぱり見逃せません。そこで、「やるスポーツ」を特集する「Number Do」を作ることにしました。（Sports Graphic Number Do, 2010: 表紙裏）

「Do」の名の通り、スポーツをする人を対象にした雑誌である。創刊号のメーン記事は、サッカーの元日本代表、中田英寿にマラソンの有森裕子がランニングを教える対談。「僕にとって走るのは心拍数を上げて自分のカラダを追い込んでいく作業でしかない。だから走るのが楽しいっていう人の気持ちが理解できない」という中田に、有森は体に負担の少ない走り方を教えていく。同じ走る作業でも、サッカーとマラソンではまるで別競技のように勝手が違う。

その技術を教わるたびに、中田は走ることの楽しさに目覚めていくことになる。有森は「楽しみ方は人それぞれ。レースで勝ちたいと思わなければ、速く走る必要はないし、極端にいえば走るのが好きじゃなくてもいい。最近では食べながら走ったり、コスプレしながら走ったり、いろいろなレースがありますからね」とアドバイスする（同前：p.25）。中田と有森のコントラストが示すように、勝利を求めるスポーツとは異なる楽しみ方を伝えるのが、この雑誌のコンセプトといえるだろう。
　ほかにも、マラソン愛好者としても有名な作家、村上春樹の「ランの哲学」や、高橋尚子の「私の好きなランニングコース」、東京マラソン攻略法など、数々のランニングの話題を掲載。第2号以降も市民スポーツとして最も人気のあるランニングを中心に、山登りや栄養学、体力トレーニングなどを季節ごとに発行している。
　文藝春秋の宣伝プロモーション局長、羽鳥好之は新雑誌が新たな市場開拓を目指していることをこう説明する。

　　『Number』ブランドが『Do スポーツ』に注目することは、スポンサーのニーズにも合致しています。生涯スポーツやアウトドアスポーツなど、人口の多いマーケットへの広がりが考えられるからです。（羽鳥, 2016：第10段落）

1980年代、「元祖」のNumberが発刊した当時は、トップスポーツを「見る人」を対象にしていた。トップ選手の内面に迫るような人間ドラマを描く。羽鳥が語るように、それがNumberの強みだった。

　　スポーツシーンを感動的に切り取ったビジュアルに加え、文藝春秋が得意とする、人間の内面を掘り下げた読み物、当社では『ヒューマン・インタレスト』と言っていますが、そこに記事のポイントを置いて、独自色を強めてきました。（同前：第5段落）

テレビがスポーツを実況し、新聞がその結果や内容を詳しく伝えてくれる。

[最終章] 新時代に向けて

雑誌はそこには見えないストーリーに焦点を当てていった。しかし、スポーツ情報が氾濫する中で、文藝春秋は新たなターゲットとして、スポーツを「する人」に目を向け始めたのである。

雑誌だけではなく、ウェブ版もスタートさせ、さらに「Number Do EKIDEN（ナンバー・ドゥ駅伝）」や「Number Futsal Cup（ナンバー・フットサル・カップ）」という市民スポーツの大会を主催している点も興味深い。かつて新聞社があらゆるスポーツ大会を主催し、販売拡張をしていったように、スポーツ雑誌も新たな挑戦をしている。

メディアの目の向けどころが、「するスポーツ」に変わってきたということは、裏を返せば、「見るスポーツ」の魅力が限界に近づきつつあるということかもしれない。メディアが国内はおろか海外にまで出ていってスポーツを報じる時代である。情報過多の中で、あらゆるトップスポーツがもはや新鮮味に欠ける点は否めない。衛星放送やインターネットを通じて、スポーツの情報は簡単に手に入る。

そうした現状において、商業主義の上に成り立つメディアが、新たな市場を目指すのは当然のことである。飽和状態にあるトップスポーツの情報よりも、むしろマイナースポーツや市民スポーツにこそ、需要があるのではないか、という方向性の提示である。

地方のメディアにも変化が起きている。そんな例を紹介してみたい。

地域スポーツの可能性

岩手県盛岡市に本社を置く「山口北州印刷」は 1893 年創業。120 年以上の歴史がある老舗印刷会社である。東日本大震災のほぼ 1 年前の 2010 年 4 月、岩手県に特化したスポーツ雑誌『Standard 岩手』を創刊。地元のスポーツのみを対象に取材し、2 カ月に一度、雑誌を発行している。

花巻東高からプロ野球・西武に入った菊池雄星投手の特集を組むこともあれば、高校野球やインターハイ、地元開催の国体、小学生の学童軟式野球選手権、ミニバスケットボールの県大会、少年サッカーなどを次々と特集している。

このような編集方針がじわじわと人気を呼び、雑誌は好調な売れ行きを示

した。これに加え、小中学生の選手名鑑を作るなど、地元密着を徹底。この結果、『Standard』は宮城、愛知、神奈川、青森・秋田、福島、群馬と他地域版も次々と創刊。出版不況と呼ばれる現代において、地域のスポーツ雑誌が拡大の一途を続けているのである。山口北州印刷によれば、トータルの発行部数は40万部にも及ぶ。

　このほかにも、三栄書房（本社・東京都新宿区）が発行する『Yell sports』という地域スポーツ誌が販路を広げ、2018年現在、青森、茨城、埼玉、千葉、奈良、和歌山、福岡、大分で発行されている。さらに『MIYAGI ONE DREAM』（宮城県）、『G sports』（群馬県）、『いばらきスポーツニュース MOVE』（茨城県）、『D-sports SHIZUOKA』（静岡県）といった各県に特化した雑誌が相次いで創刊されているのは特筆すべき現象といえる。

　これら雑誌の先駆けといえる『Standard 岩手』で編集や取材に関わる菊地健二は創刊当時の思いをこう述べる。

　　スタンダードが生き抜くために第一に考えたことは「ナンバーと同じ土俵で勝負をしない」ということだった。スポーツの知識も浅く、スキルもナンバースタッフに比べれば遠く及ばない。それでも店頭では同じスポーツ書籍のコーナーに置かれ、記事内容を比較される。だからこそ、岩手へのこだわりを貫いてきた。強豪チームだけでなく、キラリと光るものがあれば、実績に関係なく取材対象としてきた。ナンバーの手が及ばないであろう素材を探すことが生きる術だった。（菊地, 2011：第4段落）

　その素材こそが地域のスポーツにあったのである。菊地によれば、雑誌を作っているスタッフは、大半が地元のライターとカメラマンであり、スポーツ雑誌の制作には素人同然の人が集まっているという。これまでスポーツ雑誌に関わったことがない地元の印刷会社と広告会社が発案し、Numberのような大手の雑誌が取り上げない情報をくまなく提供することで新たな需要を喚起しているのである。

　国内外を網羅するようなスポーツ情報の中で、地域スポーツはエアポケッ

トのような状態にあった。地元紙が運動面では大きく報じるものの、全国紙の地方版は絶対的な情報量が少なく、スポーツ紙も地方版まであるところは限られている。テレビ局も、夕方のニュース番組の1コーナーでスポーツの話題を取り上げる程度に過ぎない。そんな中で、じっくりと詳細に地元のスポーツを報じるメディアはなかったのである。

　山梨県では、地元テレビ局がスポーツ雑誌の発行を始めるという試みも始まっている。YBS山梨放送が2014年から発行している季刊スポーツ雑誌『山梨スピリッツ』である。山梨放送では毎週日曜日の午後5時から放送しているスポーツ情報番組「山梨スピリッツ」で取材したものを雑誌化するというテレビと雑誌のメディアミックス的な性格を持つ。テレビ番組の放送時間だけでは多くの情報を伝えられない。このため、雑誌の発行を企画したという。サッカー・Jリーグのヴァンフォーレ甲府やスポーツが盛んな山梨学院大、高校や中学の県大会、さらにはママさんバレーまで取り上げている。

　「するスポーツ」や「地域スポーツ」に特化した雑誌の登場は、スポーツ報道の発想転換がもたらした新しい方向性でもある。この二つの流れがスポーツ・ジャーナリズムの新たな潮流となるかは分からないが、スポーツ報道が過渡期に来ている象徴的な事象といえるだろう。多様なスポーツ情報が求められる中でジャーナリズムの試行錯誤はこれからも続いていくに違いない。

ベースボール・マガジン社の路線

　日本のスポーツ雑誌の老舗といえば、紛れもなく「ベースボール・マガジン社」だろう。早大在学中から博文館という会社で雑誌『野球界』の編集に携わっていた池田恒雄（1911 − 2002）が、自分の名前の一字を取って恒文社を1946年に設立。創刊された『ベースボールマガジン』の編集部門が法人化し、1951年に設立されたのがベースボール・マガジン社である。

　野球を皮切りに、数々のスポーツ雑誌を創刊した同社は、2018年現在の定期刊行雑誌をみると、25種類もの雑誌（「分冊百科」も含む）を発行している。中でも特筆すべきは決してメジャーとはいえない競技を多数扱っていることだ。ソフトテニスや中学生や学童向けの軟式野球、バドミントン、ソフトボール、ボウリングといった競技である。一方、サッカークリニック、

ベースボール・クリニック、ラグビークリニック、コーチング・クリニックといった指導者向け雑誌も発行している点は注目に値する。

これらの雑誌に共通するのは、いずれもスポーツを「する人」をターゲットにしていることといえる。かつては新聞もそうだった。「する人」たちにルールや技術、戦術を伝えようとしたのが新聞だった。だが、時は流れ、「見る人」に傾斜していった結果、何を伝えるべきかの指針があいまいになってきた。

ベースボール・マガジン社発行の雑誌では、マイナー競技や指導者のみならず、地方の読者も意識しているのも興味深い。夏の高校野球をめぐっては、全都道府県ではないが、主要な都府県の「大会展望号」を出版している。甲子園に出場できるのは一握りの選手だけだが、地方大会をカバーすれば、まさに「する人」やその家族が雑誌を買い求めることになる。今、地方でのスポーツ雑誌が隆盛なのも、ベースボール・マガジン社の経営方針と似通っている。

メディア史を研究する佐藤彰宣の『スポーツ雑誌のメディア史』によれば、『ベースボールマガジン』や『週刊ベースボール』といった野球雑誌は、戦後間もない頃の啓蒙雑誌から、大衆娯楽雑誌へと変容していくのだが、野球に続いて創刊されたスポーツ雑誌は、単に娯楽だけでなく、技術や戦術など専門的要素を加えて発展していく。

1950年代から60年代にかけては、東京五輪招致活動と開催機運の高まりを受けて、野球以外のスポーツにも関心が高まり始め、これに乗じてベースボール・マガジン社は「スポーツ総合出版社」としての地位を確立していく。佐藤はこう書いている。

> その特徴は、新聞やテレビなどのマス・メディアで取り上げられないスポーツにも光を当てた点にあった。野球や相撲のように大衆化していない専門競技誌は商業ベースに乗りにくかったが、池田は「犠牲出版」を惜しまないとして、雑誌刊行を通じて「マイナースポーツ」を積極的に紹介しようとした。(佐藤, 2018：p.271)

[最終章] 新時代に向けて

　各種スポーツが全国に普及していく段階で、必要なのは情報である。新聞が試合結果を伝え、テレビは試合の模様を中継する中で、雑誌は技術や戦術、指導法といった情報を地方にも伝達する上で大切なメディアだった。インターネットがない時代、専門雑誌ならではのきめ細かな情報がその競技の土台を支え、発展に貢献したのである。

　野球以外にも分野を広げたベースボール・マガジン社だが、1967年には経営難に陥ったこともある。兄弟関係にある恒文社が男性向け週刊雑誌『F6セブン』や総合週刊誌『潮流ジャーナル』、ソ連など東側諸国の情報を扱う『スプートニク』などを創刊するものの、拡大路線は失敗。しかし、その後は再びスポーツ路線に集中して経営を再建した。

　大手のマス・メディアが報じないマイナースポーツや少年少女のスポーツにも目を向け、スポーツの底辺を支える情報を提供し続けてきた。創業者の池田は1989年に野球殿堂に入ったが、野球界だけでなく、スポーツ報道にとっても、重要な役割を果たしたといえる。

　スポーツにとって大切な情報とは何なのか。スポーツとビジネスが結びつき、大量の情報が氾濫する今だからこそ、多くのメディアから消失しつつある原点を、ベースボール・マガジン社の雑誌は思い起こさせてくれる。

第2節　アカデミズムとジャーナリズムの融合

　スポーツの話からは少し離れ、ジャーナリズムの新しいあり方を考えてみたい。ここで取り上げるのは、ウェブメディア「シノドス」である。代表を務める社会学者の芹沢一也が「知の交流スペース」を掲げて2007年創設。評論家の荻上チキ、経済学者の飯田泰之も加わって2009年に法人化した。彼らが取り組む新しいスタイルは「アカデミック・ジャーナリズム」と呼ばれる手法である。

　芹沢はこう述べている。

　　シノドスは「アカデミック・ジャーナリズム」を旗印に、各分野の専門家や当事者による寄稿や対談、インタビューなど、本当に信頼できる

価値ある記事を配信しています。(略) 研究者や、医師や弁護士といった専門家、NPOやNGOのスタッフ、ジャーナリストや当事者など、そのテーマを書くのにもっともふさわしい方たちにご執筆いただいています。(芹沢：第2段落)

　ジャーナリズムといっても、報道機関が発信する情報だけではない。ジャーナリストだけに依存するのではなく、研究者やその分野の専門家にも門戸を開き、テーマに応じた専門的情報を伝えていく。つまり、アカデミズムとジャーナリズムの融合ともいえる新しいジャーナリズムのスタイルである。
　ジャーナリストでありながら、専修大文学部教授でもある武田徹は、大学研究者がジャーナリズムの領域で仕事を行うことを「アカデミック・ジャーナリズム」と呼びつつも、逆の方向もあるといい、「ジャーナリズムからアカデミズムへの接近も『アカデミック・ジャーナリズム』のもうひとつの側面としてある」(武田，2017：p.246) と述べる。武田はアカデミック・ジャーナリズムの例として、東京都立大学人文学部助教授（現首都大学東京教授）の宮台真司が書いた『制服少女たちの選択』、東大大学院で社会学を学ぶ古市憲寿の『希望難民ご一行様』や開沼博の『「フクシマ」論』を挙げ、逆にジャーナリズムからアカデミズムへの接近例として、ジャーナリストの山根一眞の『変体少女文字の研究』はアカデミズムでも通用する調査を用いて若い世代の動向を浮き彫りにしたと紹介している（同前：pp.246-254）。
　こうした例をみれば、専門的な領域の研究・取材が極まれば、大学や研究機関を母体にしたアカデミズムと報道機関を通じたジャーナリズムは、知らぬうちに壁を乗り越えてしまうことを示している。
　スポーツにこれを当てはめることも可能だろう。名古屋大大学院の准教授、内田良は教育社会学を専門とする研究者として、柔道やラグビーなどのスポーツ事故、組体操の事故、過剰な部活動の実態などを調べている。論文や出版に加え、インターネットでも発信を続ける内田の仕事を見れば、スポーツの問題を社会に提起する意味において、スポーツ・ジャーナリズムといっても何の遜色もない。むしろ、本来はジャーナリズムが行うべきテーマが内田の研究にはちりばめられている。

[最終章] 新時代に向けて

　たとえば、2017年に出版された『ブラック部活動　子どもと先生の苦しみに向き合う』は、運動部活動だけを取り上げたものではないが、「ブラック」というべき部活動の過剰なあり方は、スポーツが主にその対象といえる。校舎にかかる、部活動の活躍を賞賛する垂れ幕を見て内田はこう言い切る。

　　垂れ幕・横断幕を見て、トロフィーの輝きに圧倒されると、学校という場はトップアスリートやプロの養成機関のように思えてくる。だが、誰もが知っているとおり、学校は勉強することを第一義とする場である。もちろん部活動も学校教育の一環ではある。だけれども、それは教育課程外の付加的な活動であって、正規の活動ではない。（内田, 2017：p.33）

　内田は運動部活動が自主的だからこそ過熱することに警鐘を鳴らし、「プライスレスだからリミットレス、これが部活動の姿である」と指摘する。さらに、今の日本のスポーツ界とそれを取り巻く日本社会に対しても、厳しい目を向ける。

　　いま私たちの胸の内に新たに沸き起こっているのは、次の2020年東京オリンピック・パラリンピックにおける日本選手への期待である。競争原理のなかで私たちは、一つ成果をあげると、今度はそれ以上のものを目指したくなる。銅メダルをとれば次は銀メダルを、銀メダルをとれば次は金メダルを、と、ハードルはあがっていく。きっとかつては銅メダルをとっただけでも皆が大喜びしていたのに、いつの間にか銅メダルでは満足できなくなっている。（同前：p.35）

　内田が指摘するように、メダル争いを煽る風潮が、部活動のような底辺のあり方をゆがめる。本来、スポーツ・ジャーナリズムはこうした勝利至上主義や過剰な商業主義、政治の介入を監視し、スポーツのあるべき姿を追求する役割を担わされている。だが、スポーツ情報が過多になり、取材が追いつかない時代において、メディアが徐々に批判的な姿勢を弱め、ジャーナリズ

ムが機能不全に陥りかけている。それをアカデミズムが補完することも可能ではないか。余計な商業主義が入り込む余地もなく、専門性が確保される。それがアカデミック・ジャーナリズムの利点の一つでもある。

　シノドスの芹沢は、無料で記事をサイトに掲載し続ける理由をこう説明する。

> 　今やメディアの中心となりつつあるウェブでは、玉石混交、というより、石ばかりが横行しています。そのため、デマや虚偽に振り回されたり、質の低い情報によって大きく認識が歪められたりしています。現在のウェブを少しでも有意義な場とするためには、より正確で信頼性の高い記事が無料で読める、そのような環境が存在することが重要だと考えます。そうした使命感を持って「SYNODOS」は、誰もが自由にアクセスできる共有財産としての「知」を、日々、ウェブ上に拡散すべく努めています。（芹沢：第 3-4 段落）

　確かにアカデミック・ジャーナリズムでスポーツ報道のすべては担えない。プロ野球の結果を伝えたり、サッカー日本代表に密着したりすることは不可能である。次節では、そのような観点からもスポーツ・ジャーナリズムへの提言を示してみたい。

第 3 節　提言

　本書では、スポーツ報道の歴史をたどりながら、新時代のあるべき姿を考察してきた。黎明期のジャーナリストたちは、スポーツを普及させるために、技術やルールを伝え、スポーツの思想や精神性についても「啓蒙」する役割を担った。新聞やラジオは試合の経過や結果を報じ、実況する「記録」を第一義としたが、戦後にテレビがその機能の前面に出てくると、活字メディアは「娯楽」に転じ、より面白い読み物を提供しようとした。これらがスポーツ・ジャーナリズムの主流にあった。一方、スポーツのゆがみを厳しく「論評」する数々のジャーナリストもいるのだが、いまだ少数派である。

[最終章] 新時代に向けて

　将来のスポーツ報道を展望すれば、今はジャーナリズムの機能をもう一度整理し、役割を見直す必要があるのではないか。「記録」「娯楽」「論評」「啓蒙」「監視」という五つの機能をすべて一つの機関でまかなえるわけではない。むしろ、分担作業を検討していくべき時代になったと考える。

　スポーツの試合を「記録」するのは、これからも既存メディア（新聞、ラジオ、テレビ）が中心になるだろう。だが、いずれインターネットメディアが結果報道の最先端に名乗り出るに違いない。たとえば、ヤフーが100％出資するスポーツ専門サイト「スポーツナビ」はその圧倒的情報量によって、新聞やテレビを凌駕する存在になろうとしている。

　では、「娯楽」はどうか。この分野はテレビというよりも、動画という形で進化を続けるだろう。テレビ局の放送だけでなく、インターネットメディアを通じたストリーミング配信が頻繁な時代になってきた。テレビの視聴者だけでなく、どこにいても、いつでも携帯端末で動画を見られるようになる。新興メディアである「運動通信社」が運営する「スポーツブル」というサイトは、夏の高校野球の結果を詳細に配信する「バーチャル高校野球」や全国高校総体の公式応援サイト「インハイTV」などと提携し、動画配信で急成長している。配信側はよりスペクタクルな映像を配信できるよう、常に技術開発を進め、ここにメディアの資本が投入されるだろう。スポーツをめぐる動画配信の分野はまだ草刈り場である。映像の権利を持つ者、ポータルとなるうるサイトを持つ者、コンテンツを編集できる者……。さまざまな主導権争いが動画をめぐって起きるかもしれない。

　象徴的な例が、第2章で取り上げた「世界のメディア王」、ルパート・マードックである。マードックはスポーツの放送権を獲得するやそれを武器に次々と各国のメディア企業を買収していったが、これからもスポーツはメディア企業を拡大させる有力なコンテンツとして利用され続けるだろう。ここでもインターネットが次の時代の主役になるのは疑いなく、「DAZN」のような新メディア企業がスポーツ界に対して影響力を発揮するに違いない。

　だが、そこにジャーナリズムの重要機能を求めるのは困難な話である。「娯楽」としてのスポーツとメディア企業の利益が連動しているため、スポーツ本来の姿を追い求めるより、利益が優先されるからである。

問題は「論評」「啓蒙」「監視」の分野をだれが担うのか、である。新聞社は世界的に発行部数を減らし、米国では次々と地方紙が廃刊に追い込まれている。宅配制度を維持してきた日本の新聞社も同様で、軒並み部数を減らしているのは時代の趨勢と言わざるを得ない。だが、論評や啓蒙を担うには、専門記者が必要である。長く経験を積み、さまざまな取材現場を見て、専門的知識を積み重ねてこそ、そのような人材が出てくる。

　専門家の育成を考えると、既存のメディアだけでなく、前節で紹介したアカデミック・ジャーナリズムにも期待は大きい。専門家を多数擁しているアカデミズムの世界は、論文や学会を主な発表の場としている。だが、一般市民とは接点が少なく、専門家の研究や意見が世の中に伝わっているかといえばそうとはいえない。

　大学にはスポーツの専門の研究者が多数おり、その中には大学スポーツの現場に携わる競技に精通した者もいる。そして、何より次世代を担う学生がいる。

　アカデミズムがジャーナリズムの世界にも足を踏み込んで、もっと一般社会に近い発信をすれば、スポーツ・ジャーナリズムの重要機能である「論評」「啓蒙」を担えるだろう。大学の研究に扱う調査手法を用いれば「調査報道」による「監視」も可能になる。一方、既存のジャーナリズムもアカデミズムの世界を刺激するような現場からの報道が常に求められる。

　課題は、アカデミック・ジャーナリズムを実践する場の確保と人材育成である。既存のメディア企業では、人材の育成に関して言えば、基本的には現場主義であり、記者が専門的知見を得るのは個人の能力や努力に委ねられている。

非営利のＮＰＯ法人メディアも

　米国ではNPO法人の非営利メディアが誕生している。中でも2007年設立の「ProPublica（プロパブリカ）」が有名である。さまざまな財団からの寄付によって成り立つ非営利・独立系報道機関であり、すぐれた調査報道でピューリッツァー賞をすでに複数回受賞している。日本では米国ほど寄付文化が育っていないため、このようなメディアが誕生するのは難しいと言われる。

[最終章] 新時代に向けて

　しかし、インターネットを通じて寄付を集めるクラウドファンディングが日本でも市民権を得つつある中、メディア状況も変化していくかもしれない。その根底を支えるのは、民主主義をつかさどる「公共圏」[14]という考え方である。人びとの共通の関心事を語り合い、公共の利益とは何かを考える場、それが公共圏であり、本来のメディアの役割である。

　本章の第1節で取り上げた「するスポーツ」や「地域スポーツ」という分野は、一般市民に公共の利益とは何かを考えさせる格好の題材である。トップスポーツを娯楽として提供するだけでなく、身近なスポーツ環境にも目を向けていくのは、これまでのスポーツ・ジャーナリズムが忘れていた視点といえる。

　スポーツが公共の文化であるという思想が根づけば、スポーツ報道に対する期待や批判も必ずや高まるだろう。スポーツを文化として継承していくには、スポーツが間違った方向へ進まない「監視役」が必要不可欠である。アカデミック・ジャーナリズムやNPO法人型のメディアが実現すれば、その挑戦となる。

　さらに加えれば、ジャーナリストの養成に真剣に取り組むべき時にも来ている。もはやOJT（オン・ザ・ジョブ・トレーニング＝職場で業務を通して行う訓練）では対処できないほど、ジャーナリストが抱える守備範囲は広く、人材の入れ替わりも頻繁となり、職場では教育機能を果たせないでいる。多種多様なスポーツ情報が絶えず流れては消えていくだけでは、スポーツの真の価値や存在意義を論じる「公共圏」は構築できない。だからこそ、専門家が必要なのである。

　アカデミズムの世界でその役割を果たせるか、も問われるだろう。体育大学やスポーツ関係の学部・学科を持つ大学では今、体育教員の養成やスポーツ・マネジメントに関する教育指導は行われているものの、スポーツ・ジャーナリストを養成する本格的な取り組みがなされているとは言い難い。

　「コミュニケーション学の父」と呼ばれるウィルバー・シュラム[15]（1907－87）は、「マス・コミュニケーションの質にたいして責任があるのはだれか」という論文の中で、ジャーナリスト養成のあり方をこう説いている。

ジャーナリズム学部やその他のマス・コミュニケーションのカリキュラムが、就職した最初の六カ月にもっとも役立つように、学生を訓練すべきではないということである。（略）学校の目標は長期的なものであって、短期的なものであってはならない。（略）新入社員は自分の職務についての技能はかんたんに身につけることができるが、人間、社会組織、政府、経済、科学を理解することは、はるかにむずかしいからである。（W. シュラム，1957：p.354）

　今から 60 年以上前の文章だが、シュラムは短期的な視点でジャーナリストを養成すべきでなく、「全職歴を通じて充分役立ちうる知力を養成」させるべきだと述べている。これは学生の教育だけでなく、若手記者の育成にも通じるだろう。情報社会をめぐる時代の流れは速い。次々と新しいメディアが誕生しては消えていく。だが、ジャーナリストは促成栽培では育たない。
　スポーツに置き換えれば、野球のスコアブックの付け方だけを学んで現場に放り込むような方法では心許ない。取材する競技のルール、技術、戦術に加え、歴史や文化的背景、底辺の競技環境、競技を取り巻くビジネス状況、国際情勢……。これらの知識を少しでも身に着けさせる環境の整備が必要ではないか。「将来この職業につく人びとを助けることはメディアの責任である」というシュラムの言葉は、今でも通用する大切な指摘である。
　スポーツ報道の将来を考えれば、既存メディアにとどまらず、大学など研究機関や NPO 法人なども加えた融合組織にも可能性が広がるだろう。新しい時代のスポーツ文化を議論する「公共圏」としてのスポーツ・ジャーナリズム。その役割は以前にも増して、重要性が高まると信じたい。

【注】

(1) 1969〜71年にかけて発覚したプロ野球の八百長事件。西鉄（現西武）の選手らが暴力団関係者と取り引きし、わざと負ける「敗退行為」を行っていたことが判明した。日本野球機構は永易将之、池永正明ら西鉄の4投手を含む6選手を永久追放処分とした。現金は受け取ったが、敗退行為はしなかった池永に関してはのちに復権運動が起こり、2005年に球界への復帰申請が認められた。

(2) 五輪時の映像は「オリンピック放送機構」（OBS）が制作する国際映像が各国に配信されている。OBSは国際オリンピック委員会（IOC）が2001年に設立した国際映像制作チーム。それまでは開催国の放送局と組織委員会が担当していたが、現在はOBSから配信された映像に各国放送局が音声をつけて放送していることが多い。

(3) 日本のプロ野球、アマチュア野球を統括してルールを決める組織。プロ・アマ双方から審判員や公式記録員が委員に選ばれ、米国のルールを日本にどう取り入れるか、毎年協議が行われている。

(4) 1986年サッカーW杯の準々決勝、アルゼンチン対イングランド戦で、アルゼンチンのディエゴ・マラドーナはゴール前で相手GKと競り合い、ヘディングでシュートを決めたように見えたが、実際には左手の拳でボールをはたいてゴールに飛び込んでいた。イングランドはハンドの反則を主張したが、審判はヘディングでのゴールと認めた。試合後、マラドーナは「あれは神の手が触れたのだ」とコメント。W杯史に残る誤審として語り継がれている。

(5) 2014年7月27日、石川県立野球場で行われた全国高校野球選手権石川大会決勝で、星稜が小松大谷に0-8と大量リードされた九回裏、打者13人の猛攻で8安打を放ち、9点を奪って大逆転サヨナラ勝利を収めた試合。星稜は2年連続17回目の夏の甲子園出場を決めた。

(6) 明治から大正期の冒険小説家。雑誌『冒険世界』『武侠世界』の主筆を務め、スポーツ振興にも熱意を注いだ。弟の清が早稲田大野球部の主将だった縁で飛田穂洲とも親交があり、スポーツ界の社交団体「天狗倶楽部」を創設。東京朝日新聞の「野球害毒論」にも反対したことで知られる。1914年、38歳で死去。

(7) キリスト教的人道主義から社会主義を喧伝した日本社会運動の先駆者。早稲田大の前身、東京専門学校で教授を務め、衆院議員として当選5回。早稲田大野球部の創設者であり、日本学生野球協会の初代会長。野球部のグラウンドはのちに「安部球場」と命名された。1949年、83歳で亡くなり、その10年後に日本野球殿堂入り。

(8) ドイツのスポーツ史学者。1936年ベルリン五輪では事務総長を務め、聖火リレーを発案した人物として知られる。戦後はケルンスポーツ大学の開学に携わり、初代学長に就任した。近代オリンピックの創設者、ピエール・ド・クーベルタンの思想

を継承した人物でもあるが、ベルリン五輪でヒトラー率いるナチス・ドイツに利用されたとの見方もある。

(9) 1920年代に活躍したボクシングの世界ヘビー級チャンピオン。ヘビー級としては小柄ながら闘志むき出しのファイトで圧倒的強さを誇り、「拳聖」と呼ばれた米国の英雄でもある。ジャック・デンプシーはリングネーム。本名はウィリアム・ハリソン・デンプシー。1983年、87歳で死去。

(10) 1974年に雑誌『文藝春秋』に発表した「田中角栄研究―その金脈と人脈」で有名になり、その後も日本のジャーナリスト・評論家の第一人者として活躍。『日本共産党の研究』『脳死』『巨悪VS言論』など著書多数。「田中角栄研究」は首相退陣のきっかけをつくり、立花はその後もロッキード裁判を傍聴し続けた。1940年5月28日生まれ。本名は橘隆志。

(11) 広島県呉三津田高から早稲田大へ進み、プロ野球・巨人に1954年入団。名遊撃手として長嶋茂雄と三遊間を組む。13年間の現役生活を終えた後は、広島のコーチを経てヤクルト、西武で計8年間、監督を務めた。「管理野球」で知られる。1932年2月9日生まれ。

(12) 福島県須賀川町（現須賀川市）出身。陸上自衛隊郡山駐屯地の隊員だった時に陸上長距離選手としての才能を見込まれ、自衛隊体育学校へ。1964年東京五輪ではマラソンの日本代表となり、銅メダル獲得。4年後のメキシコ五輪では金メダル獲得の期待が高かったが、腰痛に加え、競技集中のため結婚が破談となるなど苦難が続き、1968年1月9日、自衛隊体育学校の宿舎自室でカミソリで頸動脈を切って自殺した。「父上様母上様、三日とろろ美味しうございました」「もうすっかり疲れ切ってしまって走れません」と書かれた遺書は有名。

(13) 1960年、日本社会党の委員長、浅沼稲次郎が演説中に17歳の右翼少年、山口二矢に刺殺されたテロ事件を追った沢木耕太郎のノンフィクション作品。1979年の第10回大宅壮一ノンフィクション賞を受賞。

(14) ドイツの哲学者、ユルゲン・ハーバーマスが提唱した考え方で、世論形成のためのコミュニケーション空間。メディアが未発達の時代はコーヒー・ハウスやサロンがこの役割を果たし、マス・メディアの登場により、新聞やテレビがこの機能を代替するようになった。今ではインターネットがその空間に置き換わりつつある。

(15) 米オハイオ州出身のコミュニケーション学者。第2次世界大戦中には戦時情報局でプロパガンダの本質的研究に携わる。戦後はイリノイ大やスタンフォード大に新設されたコミュニケーション研究所の所長も務めた。

(16) カナダ出身のメディア研究者。トロント大などで教鞭をとる。メディアは単なる媒体を意味するのではなく、メディアそのものにも情報や命令が含まれるという「メディアはメッセージ」の理論を構築。これをもじって、身の回りのあらゆるメディ

[引用・参考文献／ウェブサイト]

アが人びとの五感を刺激するという「メディアはマッサージ」の主張も展開した。代表作に『グーテンベルクの銀河系』『メディア論』など。

【引用・参考文献】

浅野修、本阿弥清ら（1970）「スポーツ・ジャーナリズムの再検討」『新聞研究』・8月号，pp.34-49.

朝日新聞「EYE　西村欣也　スポーツというレンズがあったから」（2016年2月27日朝刊）．

安倍晋三（2006）『美しい国へ』文藝春秋．

石川泰司（1975）「体験的助演男優賞論」『新聞研究』・11月号，pp.7-10.

石川泰司（1980）『スポーツ記事でないスポーツ記事』毎日新聞社．

石川泰司（1986）『スポーツわが万華鏡』毎日新聞社．

稲塚秀孝（2005）「スポーツ・キャスター山際淳司　最後の挑戦と苦悩」『放送文化』・夏号，pp.72-77.

内田良（2017）『ブラック部活動　子どもと先生の苦しみに向き合う』東洋館出版社．

江川卓（1999）「解説」『朝日新聞が伝えたプロ野球』小学館文庫，pp.296-299.

海老沢泰久（1992）「成功者　平野謙」『ヴェテラン』文藝春秋，pp.45-78.

海老沢泰久（1996）「スポーツ小説について」『本の話』・8月号，pp.6-9.

海老沢泰久（1997）『これならわかる　パソコンが動く』NECクリエイティブ．

海老沢泰久・小松成美（2002）「対談　スポーツで表現する、スポーツを表現する」『一冊の本』・4月号，pp.15-22.

大島鎌吉（1951）『オリンピック物語』小学生学習文庫．

大島鎌吉（1983）『アピール　オリンピックと世界平和！　飢えに泣く難民に救済の手を！』（ノーエル・ベーカー卿一周忌追悼』記念出版当局の求めによる『オリンピックと世界平和』論文集の一編）．

大島鎌吉・伴義孝（1986）『スポーツと人間』関西大学体育OB会．

大野晃（1996）『現代スポーツ批判　スポーツ報道最前線からのリポート』大修館書店．

岡崎満義（2003）「はじめに」『Sports Graphic Number　ベスト・セレクションI』文藝春秋，pp.3-5.

岡崎満義（2009a）「『ナンバー』初代編集長が明かす創刊秘話とスポーツ総合誌の可能性」『Journalism』・7月号，pp.32-41.

尾嶋義之（1998）『志村正順のラジオ・デイズ』洋泉社．

織田幹雄（1997）『織田幹雄　わが陸上人生』日本図書センター．

小田光康（2004）「ジャーナリストとしてのスポーツ・ジャーナリスト」『現代スポーツ評論11』，pp.27-46.

小原敏彦（2007）『忘れられた孤独のメダリスト　KINUEは走る』健康ジャーナル社.

鎌田慧（2002）「推薦のことば」谷口健太郎『スポーツを殺すもの』花伝社，表紙扉.

川本信正ほか（1975a）「スポーツ・ジャーナリズム」『新聞研究』・11月号，pp.7-51.

川本信正（1975b）「スポーツ報道へのさまざまな期待」『新聞研究』・11月号，pp.15-18.

川本信正（1976）『スポーツの現代史』大修館書店.

川本信正（1981）『スポーツ賛歌　平和な世界をめざして』岩波ジュニア新書.

神門兼之（2004）『球聖飛田穂洲伝』つげ書房新社.

神田順治、鈴木美嶺（1957）『野球難問解答集』ベースボール・マガジン社.

神田順治（1986）「解説」飛田穂洲『飛田穂洲選集　第1巻　野球生活の思い出』ベースボール・マガジン社，pp.423-429.

共同通信「聯合ニュース、AIで五輪速報　世界一速い『ロボットニュース』」（2018年2月19日）.

黒田勇編（2012）『メディアスポーツへの招待』ミネルヴァ書房.

後藤正治・沢木耕太郎（2003）「特別対談　スポーツを書くということ」『Sports Graphic Number　ベスト・セレクションⅢ』文藝春秋，pp.395-429.

コヴァッチ，ビル／トム・ローゼンスティール（2002）『ジャーナリズムの原則』（加藤岳文・斎藤邦泰訳）日本経済評論社.

小松成美（2003）『ジョカトーレ　中田英寿　新世紀へ』文藝春秋.

佐藤彰宣（2018）『スポーツ雑誌のメディア史　ベースボール・マガジン社と大衆教養主義』勉誠出版.

佐藤理史（2016）『コンピュータが小説を書く日　AI作家に「賞」は取れるか』日本経済新聞出版社.

沢木耕太郎（1978）『テロルの決算』文藝春秋.

沢木耕太郎（1979）「長距離ランナーの遺書」『敗れざる者たち』文藝春秋，pp.97-142.

沢木耕太郎（1981）『一瞬の夏』（上）（下）新潮社.

沢木耕太郎（1987）「ニュージャーナリズムについて」『紙のライオン　路上の視野Ⅰ』文藝春秋，pp.54-62.

時事通信「eスポーツ正式種目なるか＝焦点は『身体性』―国体で初の都道府県対抗」（2018年6月16日）.

重松清（2004）『スポーツを「読む」』集英社.

清水哲男・山際淳司（1987）「野球と風土あるいは鮮烈な野球を書くことについて」『現代詩手帖』・8月，pp.36-48.

[引用・参考文献／ウェブサイト]

志村正順（2003）「放送の記者会加盟前夜」『東京運動記者クラブ 80 年史』東京運動記者クラブ，pp.149-150.

シュラム，ウィルバー（1957）「マス・コミュニケーションの質にたいして責任があるのはだれか」『新版マス・コミュニケーション―マス・メディアの総合的研究―』（学習院大学社会学研究室訳）東京創元社，pp.343-357.

白取晋（1993）『激ペンです　泣いて笑って 2017 試合』報知新聞社.

杉山茂（2011）『スポーツは誰のためのものか』慶應義塾大学出版会.

杉山茂（2013）「特集スポーツ放送の矜持　スポーツに何ができるか　テレビは考える時だ」『GALAC』・6 月号，pp.12-17.

杉山茂＆角川インタラクティブ・メディア（2003）『テレビスポーツ 50 年　オリンピックとテレビの発展〜力道山から松井秀喜まで〜』角川書店.

鈴木美嶺（1976）『都市対抗優勝物語』恒文社.

スポーツイラストレイテッド編（1961）『図解・新しい野球技術』（鈴木美嶺訳）ベースボール・マガジン社.

Sports Graphic Number（1980 年 4 月 20 日創刊号）文藝春秋社.

Sports Graphic Number Do（2010 年 11 月 15 日号）文藝春秋社.

武田徹（2017）『日本ノンフィクション史』中央公論新社.

谷口源太郎（1992）『堤義明とオリンピック　野望の軌跡』三一書房.

谷口源太郎（1997）『日の丸とオリンピック』文藝春秋.

谷口源太郎（2002）『スポーツを殺すもの』花伝社.

谷口源太郎（2009）『スポーツ立国の虚像　スポーツを殺すもの PART2』花伝社.

玉木正之（1999）『スポーツとは何か』講談社.

玉木正之（2003a）『スポーツ解体新書』NHK 出版.

玉木正之（2003b）『スポーツ・ジャーナリズムを語る』アイオーエム.

玉木正之（2012）「SNS 時代のスポーツジャーナリズムとは」『月刊民放』・8 月号，pp.4-7.

玉木正之（2013）『スポーツ　体罰　東京オリンピック』NHK 出版.

中条一雄（2010）『中条一雄の仕事⑥』自費出版（同書には著者の過去の執筆記事が収録されており、引用部分は『体育科教育』1979 年 10 月号　特集「現代スポーツ地図、マスコミのつくるスポーツ地図」から）.

データスタジアム株式会社（2015）『野球×統計は最強のバッテリーである　セイバーメトリクスとトラッキングの世界』中央公論新社.

ディーム，カール編（1962）『ピエール・ド・クベルタン　オリンピックの回想』（大島鎌吉訳）ベースボール・マガジン社.

東京朝日新聞「野球と其害毒」（1911 年 8 月 29 日朝刊）.

飛田穂洲（1974）『学生野球とは何か』恒文社.

飛田穂洲（1986a）『飛田穂洲選集　第1巻　野球生活の思い出』ベースボール・マガジン社.

飛田穂洲（1986b）『飛田穂洲選集　第3巻　野球記者時代』ベースボール・マガジン社.

飛田穂洲（1986c）『飛田穂洲選集　第5巻　随筆と追想』ベースボール・マガジン社.

飛田忠英（1974）「まえがき」飛田穂洲『学生野球とはなにか』恒文社，pp.1-4.

中村哲也（2010）『学生野球憲章とはなにか　自治から見る日本野球史』青弓社.

中村哲也（2007）「野球統制令と学生野球の自治　1930年代における東京六大学野球を中心に」『スポーツ史研究』・3月号，pp.81-94.

中村美子（2006）「ヨーロッパにおけるスポーツ放送とユニバーサル・アクセス」『新スポーツ放送権ビジネス最前線』メディア総合研究所，pp.58-78.

日本オリンピック委員会監修（1994）『近代オリンピック100年の歩み』ベースボール・マガジン社.

西村欣也（1999）『朝日新聞が伝えたプロ野球』小学館文庫.

橋本一夫（1992）『日本スポーツ放送史』大修館書店.

人見絹枝（1926）『最新　女子陸上競技法』文展堂書店.

人見絹枝（1931）『女子スポーツを語る』人文書房.

人見絹枝（1997）『人見絹枝　炎のスプリンター』日本図書センター．※同書には、人見が出版した『スパイクの跡』（平凡社、1929年）と『ゴールに入る』（一成社、1931年）の2冊の主要部分が収録され、新仮名遣いに改められている。

ホワイティング，ロバート（1990）『和をもって日本となす』（玉木正之訳）角川書店.

毎日新聞「外野席で見てごらん　野球の楽しさはここに」（1965年6月21日朝刊）.

毎日新聞「祝宴の料理がムダに　杉本、名誉回復の2ラン」（1965年10月14日朝刊）.

毎日新聞「アジア・スポーツ　新しい風」（1990年8月9－15日朝刊）.

毎日新聞「ステート・アマ消滅　再出発の旧ソ連・東欧スポーツ」（1992年6月5－14日朝刊）.

毎日新聞「気持ちはずっと日本代表　W杯サッカー　カズがHPでメッセージ」（1998年6月4日朝刊）.

毎日新聞「中田英寿選手の引退声明全文」（2006年7月4日朝刊）.

毎日新聞「余録」（2010年8月18日朝刊）.

毎日新聞「五輪の哲人　大島鎌吉物語9　前代未聞、法王との面会」（2014年11月14日朝刊）.

毎日新聞「五輪の哲人　大島鎌吉物語12　クーベルタンに学べ」（2014年11月19日朝刊）.

毎日新聞「五輪の哲人　大島鎌吉物語21　閉会式、平和の光景」（2014年12月2日朝刊）.

毎日新聞「AI 小説が星新一賞 1 次審査パス　学習機能を使えない壁　人工知能は曖昧な判断基準が苦手？」(2016 年 4 月 5 日夕刊).

毎日新聞「冨重記者、お疲れ様でした」(2018 年 3 月 27 日付朝刊).

毎日新聞 130 年史刊行委員会（2002）「スーパー・ウーマン　人見絹枝」『「毎日」の 3 世紀　新聞がみつめた激流 130 年　上巻』毎日新聞社，pp.663-670.

毎日新聞 130 年史刊行委員会（2002）「強いぞ日本、ふたつの五輪」(『「毎日」の 3 世紀　新聞がみつめた激流 130 年　上巻』毎日新聞社，pp.838-844.

間宮聰夫（1995）『スポーツビジネスの戦略と知恵　「メダルなき勝利者たち」への提言』ベースボール・マガジン社．

丸谷才一（1995）「解説」海老沢泰久『ただ栄光のために―堀内恒夫物語―』文藝春秋，pp.353-360.

丸屋武士（2017）「明治武士道とルーズベルト大統領　第 13 回　デモクラシー精神の権化―士族・安部磯雄の飛躍（3-2）」『月刊武道』・5 月号，pp.46-59.

丸山伸一（2013）「スポーツ紙のジャーナリズム」『新聞研究』・12 月号，pp.50-53.

向井敏（1994）「解説」海老沢泰久『美味礼讃』文藝春秋，pp.497-509.

柳田邦男・沢木耕太郎（1981）「ノンフィクションは何をめざすか」『中央公論』・11 月号，pp.58-74.

山際淳司（1981）「江夏の 21 球」『スローカーブを、もう一球』角川書店，pp.31-55.

吉見俊哉（2012）『メディア文化論　改訂版』有斐閣．

【引用・参考ウェブサイト】

朝日新聞 DIGITAL「記者ページ、記事アカウントの紹介」(2017 年 10 月 13 日取得 http://www.asahi.com/sns/reporter/)

朝日新聞 DIGITAL「朝日新聞社編集部門ソーシャルメディア・ガイドライン」(2017 年 10 月 13 日取得 http://www.asahi.com/twitter/guideline.pdf)

朝日新聞 DIGITAL「運動部のみんな、熱中症『無理』『もうダメだ』の勇気を」(2018 年 8 月 2 日取得 https://www.asahi.com/articles/ASL7G5H4GL7GUTQP03W.html)

朝日新聞 DIGITAL「AI が高校野球の戦評記事を即時作成　朝日新聞社が開発」(2018 年 8 月 19 日取得 https://www.asahi.com/articles/ASL890GLKL88ULZU011.html)

NHK 技研だより（2018）「ピョンチャンオリンピックで『ロボット実況』を実施」・3 月号，No.156（2018 年 5 月 20 日取得 http://www3.nhk.or.jp/strl/r/d156.pdf）

NHK 報道資料，2015，「2018 年・2020 年・2022 年・2024 年のオリンピック放送権の合意について」(2017 年 10 月 7 日取得 http://www.nhk.or.jp/pr/keiei/otherpress/

pdf/20140619.pdf）

岡崎満義（2006）「中田英寿選手の引退を惜しむ」（インターネットサイト「スポーツアドバンテージ」（2017年10月4日取得 http://www.sportsnetwork.co.jp/adv/bn_writer_2006/okazaki/vol309-1_col_okazaki.html）

岡崎満義（2007）「スポーツの取材とは―」（インターネットサイト「スポーツアドバンテージ」（2017年10月5日取得 http://www.sportsnetwork.co.jp/adv/bn_writer_2007/okazaki/vol339-1_col_okazaki.html）

岡崎満義（2009b）「Sports Graphic Number Web　名作ノンフィクション『江夏の21球』はこうして生まれた」（2017年8月4日取得 http://number.bunshun.jp/articles/-/12218）

菊地健二（2011）「創刊1周年を迎える岩手県発のスポーツ誌。～ブログで震災情報を募集中！～」（「Number WEB」2017年11月20日取得 http://number.bunshun.jp/articles/-/95151）

月刊『事業構想』（2017）「AI時代のビジネスモデル　災害事件情報をSNSから発見　報道機関100社が導入するAI」・10月号（2018年6月3日取得 https://www.projectdesign.jp/201710/ai-business-model/004017.php）

国際オリンピック委員会（2016）『オリンピック憲章2016年版』（2017年10月5日取得 http://www.joc.or.jp/olympism/charter/pdf/olympiccharter2016.pdf）

Jリーグ・プレスリリース（2016）「JリーグとDAZNが10年間の放映権契約を締結」（2017年4月23日取得 http://www.jleague.jp/release/post-44293/）

芹沢一也「『知』のプラットフォーム　SYNODOS SOCIAL」（2017年11月22日取得 https://camp-fire.jp/projects/view/14015）

総務省（2016）「情報通信白書」（2017年12月1日取得 http://www.soumu.go.jp/johotsusintokei/whitepaper/ja/h28/html/nc132110.html）

DAZN（ダ・ゾーン）日本版公式ホームページ（2017年10月8日取得 http://watch.dazn.com/ja-JP/sports/）

TechCrunch Tokyo（2016）「AP通信、マイナーリーグ野球の記事を『ロボット』記者が報道」（2017年10月14日取得 http://jp.techcrunch.com/2016/07/04/20160703ap-sports-is-using-robot-reporters-to-cover-minor-league-baseball/）

日刊スポーツメディアガイド（2017）（2017年10月13日取得 https://www.nikkansports.com/advertising/ad_guide_2017.pdf）

日経新聞電子版（2016）「米ワシントン・ポスト、リオ五輪に『AI記者』投入」（2017年4月13日取得 http://www.nikkei.com/article/DGXLASGN12H0Z_T10C16A8000000/）

日経「星新一賞」公式ホームページ（2017年10月15日取得 http://hoshiaward.nikkei.co.jp/）

日本スポーツ・ジャーナリズム研究会ホームページ「FSJ通信　第1号　モスクワ五輪

ボイコット 20 周年」（2017 年 10 月 1 日取得 http://fsj.la.coocan.jp/tushin/001.html）

羽鳥好之（2016）「価値あるスポーツコンテンツを派生メディアでさらに高める」（「朝日広告」2017 年 11 月 20 日取得 https://adv.asahi.com/special/contents160115/11051993.html）

文芸情報サイト・カドブン「『江夏の 21 球』対談　衣笠祥雄　前編　野球を知らなかった山際淳司」（2017 年 8 月 12 日取得 https://kadobun.jp/talks/16）

村上元三（1979）「受賞作家の群像　海老沢泰久　ウェブサイト直木賞のすべて」（2017 年 8 月 13 日取得 http://prizesworld.com/naoki/jugun/jugun111EY.htm）

野球殿堂博物館ホームページ（2017 年 5 月 9 日取得 http://www.baseball-museum.or.jp/baseball_hallo/detail/detail_011.html）

ロイター通信日本版（2015）「サッカー＝昨年のブラジルＷ杯決勝　10 億人以上が視聴」（2018 年 6 月 5 日取得 https://jp.reuters.com/article/wcup-brazil-final-idJPKBN0U008020151217）

年表・スポーツと日本メディアの歴史

1881（明治14）年	・郵便報知新聞（現スポーツ報知）に天覧相撲の取組、東京日日新聞（現毎日新聞）に初の相撲詳報「相撲天覧の記」が掲載される。
1897（明治30）年	・初のスポーツ雑誌「運動界」創刊。明治32年まで刊行。
1901（明治34）年	・時事新報主催の東京・上野不忍池12時間競走が行われる。 ・大阪毎日新聞主催の堺大浜8時間競走が開催される。 ※日本初の近代スポーツの大衆的イベントを新聞社が主催。
1906（明治39）年	・読売新聞が「運動界」欄を新設。スポーツ欄の始まり。
1908（明治41）年	・大阪毎日新聞のロンドン駐在記者、相嶋勘次郎がロンドン五輪を取材。日本初の五輪報道でマラソン記事を執筆。
1911（明治44）年	・東京朝日新聞が「野球と其害毒」（22回連載）を掲載。野球支持の読売新聞、東京日日新聞は反対の論陣を張る。
1915（大正4）年	・朝日新聞が全国中等学校優勝野球大会（現全国高校野球選手権）を大阪・豊中グラウンドで開催。
1916（大正5）年	・福岡日日新聞（現西日本新聞）が日本の報道機関として初めて運動部を新設。
1917（大正6）年	・読売新聞が京都—東京・上野までの東海道五十三次駅伝競走を主催。駅伝の名称の始まりとなる。
1918（大正7）年	・大阪毎日新聞が全国高校サッカー、全国高校ラグビーの前身となる日本フットボール優勝大会を主催。
1920（大正9）年	・報知新聞が主催し、第1回東京・箱根間往復駅伝競走

	を開催。
1923（大正12）年	・大阪で開かれる極東選手権大会の取材に向かう東京の記者団が、運動記者クラブを結成。
1924（大正13）年	・大阪毎日新聞が全国選抜中等学校野球大会（現選抜高校野球大会）を名古屋市八事の山本球場で開催。翌年からは新設の甲子園球場に舞台を移す。
1927（昭和2）年	・東京日日新聞、大阪毎日新聞主催の都市対抗野球大会が始まる。
	・JOBK・大阪中央放送局（NHK）が全国中等学校優勝野球大会を中継。スポーツ実況の初め。
1928（昭和3）年	・NHKが大相撲春場所で初の相撲実況放送を行う。
	・アムステルダム五輪開催。陸上男子三段跳びで織田幹雄（後に朝日新聞）、競泳男子200メートル平泳ぎで報知新聞の鶴田義行が金メダルを獲得。大阪毎日新聞の人見絹枝は陸上女子800メートルで銀メダル。
1929（昭和4）年	・NHKが東京六大学野球を初の全国放送で中継。
1931（昭和6）年	・読売新聞が米大リーグ選抜のルー・ゲーリックらを迎え、日米大野球戦を開催。
1932（昭和7）年	・ロサンゼルス五輪を前に陸上男子三段跳びの南部忠平が大阪毎日新聞に入社。南部は金メダルを獲得。
	・同五輪で、NHKが実況さながらに再現して放送する史上初の五輪「実感放送」に成功。各新聞社も特派員団を編成。
1934（昭和9）年	・読売新聞の招いた米大リーグ選抜のベーブ・ルースらが来日、日米野球を開催。
	・巨人軍の前身となる大日本東京野球倶楽部が誕生。総監督に読売新聞運動部長の市岡忠男が就任。
1936（昭和11）年	・7球団が参加して日本職業野球連盟創設。新聞社では巨人軍（読売新聞）、名古屋軍（新愛知新聞）、大東京軍（国民新聞）、名古屋金鯱軍（名古屋新聞）が参戦した。

	・ベルリン五輪でNHKは史上初の五輪実況放送を行い、競泳女子200㍍平泳ぎでは前畑秀子が金メダル。河西三省アナが「前畑がんばれ」の絶叫放送。
1940（昭和15）年	・毎日新聞は国策に添い、運動部を体育部に改称。朝日新聞は体力部、読売新聞は体育部に。43年には両社とも社会部に統合される。
1942（昭和17）年	・全国選抜中等学校野球大会、全国中等学校優勝野球大会が第2次世界大戦の影響で中止に。
1945（昭和20）年	・第2次世界大戦が終わり、共同通信社と時事通信社が発足。共同は社会部から運動部が独立。
1946（昭和21）年	・日本最初のスポーツ紙となる日刊スポーツが創刊。 ・全国中等学校優勝野球、都市対抗野球大会が復活。
1947（昭和22）年	・全国選抜中等学校野球大会が復活。
1948（昭和23）年	・デイリースポーツ創刊。
1949（昭和24）年	・スポーツニッポン新聞創刊。 ・報知新聞が夕刊一般紙から朝刊スポーツ紙に転換。
1950（昭和25）年	・毎日新聞主催の全国高校駅伝競走大会を開催。
1953（昭和28）年	・NHKが東京六大学野球、大相撲、プロ野球、夏の高校野球で初めてテレビ実況。 ・開局翌日の日本テレビが民放初のプロ野球ナイター中継（巨人対阪神戦）。
1954（昭和29）年	・日本テレビとNHKがプロレス中継として、シャープ兄弟対力道山・木村政彦戦を放送。
1955（昭和30）年	・サンケイスポーツが大阪で発刊。
1959（昭和34）年	・東京スポーツ発刊。 ・国際オリンピック委員会総会で東京五輪開催が決定。
1960（昭和35）年	・ローマ五輪で民放が初めて共同取材を行う。
1961（昭和36）年	・フジテレビが「プロ野球ニュース」をスタート。
1964（昭和39）年	・東京五輪開催。開会式で史上初の衛星放送。視聴率はNHK、民放含め84.7％を記録。

1967(昭和42)年	・報知新聞が市民マラソンの先駆けとなる「青梅マラソン」を開催。
1969(昭和44)年	・読売サッカークラブ発足。
	・プロ野球・西鉄で八百長疑惑「黒い霧事件」が発生。スポーツ記者も事件報道に関わる。
1970(昭和45)年	・フジテレビ、サンケイ新聞、日本バレーボール協会主催で「春の高校バレー」の第1回大会を開催。
1972(昭和47)年	・札幌冬季五輪開催。NHKが全カラー中継を行う。
	・ミュンヘン五輪の選手村でアラブ・ゲリラがイスラエル選手団を襲撃。世界のメディアが一斉に中継。
1974(昭和49)年	・プロ野球・巨人の長嶋茂雄が「巨人軍は永久に不滅です」の言葉を残して引退。
1976(昭和51)年	・TBSがマスターズ・ゴルフトーナメントを独占衛星中継。
	・スポニチが日本初のF1世界選手権を主催。
1978(昭和53)年	・プロ野球ドラフト会議で江川卓が野球協約の「空白の1日」を突いて巨人と電撃契約。いわゆる「江川事件」。
1980(昭和55)年	・ソ連のアフガン侵攻に米国が抗議し、米国に追随する日本もモスクワ五輪不参加を表明。大会はテレビ朝日が独占放送。
1981(昭和56)年	・第1回東京国際マラソンを開催。読売新聞と産経新聞が隔年主催。
1984(昭和59)年	・ロサンゼルス五輪開催。モスクワ五輪の報復で東側諸国がボイコット。協賛制度など商業主義五輪の始まり。
1985(昭和60)年	・共同通信がニューヨーク支局に初めて運動記者を派遣。
1987(昭和62)年	・日本テレビが箱根駅伝の全区間完全生中継に成功。
1990(平成2)年	・東京中日スポーツがF1を中心とするモータースポーツ報道を積極展開。
1991(平成3)年	・第3回世界陸上競技選手権が東京で開催。日本テレビ

年表・スポーツと日本メディアの歴史

	が独占中継。
1992（平成4）年	・アルベールビル冬季五輪で時事通信の記者が全員パソコンを使用して記事を送稿。
	・共同通信が1998年長野冬季五輪の公式通信社に選ばれる。
1993（平成5）年	・サッカー・Jリーグがスタート。ワールドカップ・アジア地区予選最終戦で日本はイラクと引き分ける「ドーハの悲劇」で本大会初出場を逃す。テレビ東京の視聴率は48.1％。
1995（平成7）年	・阪神・淡路大震災が発生。神戸に本社を置くデイリースポーツは大被害を受けるも紙面制作を東京の日経印刷に依頼して欠番を免れる。毎日新聞は春の選抜高校野球を開催。
	・プロ野球・近鉄から野茂英雄がロサンゼルス・ドジャースに移籍。報道各社が本格的に大リーグ報道を始める。
1998（平成10）年	・長野冬季五輪開催。信濃毎日新聞は組織委員会から依頼を受け、公式新聞を共同通信と共同制作。
	・サッカー・ワールドカップ・フランス大会に日本が初出場。
2001（平成13）年	・毎日新聞と日本高校野球連盟が選抜高校野球に21世紀枠を創設。
	・イチローがシアトル・マリナーズに移籍。日本人野手として初の大リーガーに。
2002（平成14）年	・日韓共催のサッカー・ワールドカップ開催。朝日新聞が初のオフィシャルサプライヤーとなる。
	・読売新聞が日本オリンピック委員会（JOC）のオフィシャルパートナーに。
2003（平成15）年	・毎日新聞が夕刊最終面にスポーツWORLDを新設。
	・松井秀喜が巨人からニューヨーク・ヤンキースに移籍。
2007（平成19）年	・首都の名所を駆け抜ける東京マラソンがスタート。読

	売新聞、産経新聞、東京新聞、日本テレビ、フジテレビが東京都と共催する巨大イベント。全国にマラソンブームが起きる。
2009（平成21）年	・2016年東京五輪・パラリンピックを招致するも失敗。開催地はリオデジャネイロに決定。
2013（平成25）年	・2020年東京五輪・パラリンピックの招致に成功。
2016（平成28）年	・読売新聞、朝日新聞、日経新聞、毎日新聞の4社が東京五輪・パラリンピック組織委員会とオフィシャルパートナー契約に調印。契約は2020年12月末までの5年間。

※年表は『東京運動記者クラブ80年史』などをもとに作成

おわりに

　2018年2月26日、毎日新聞運動部の先輩記者、冨重圭以子さんが病気のため亡くなった。平昌冬季五輪の閉会式が終了した直後の深夜である。62歳、専門編集委員として在職中の訃報だった。私にとっては一回り年上の先輩にあたるが、入社の頃から同じ職場で働き、30年近く、いろんな仕事を一緒にさせてもらった。

　女性スポーツ記者、とりわけプロ野球の世界では女性記者の先駆的存在で、夕刊で週1回連載したコラム「寝ても覚めても」は10年以上にわたって続けられた。その掲載回数は528回を数える。葬儀からしばらくして、東京・如水会館で「偲ぶ会」が開かれたが、集まった多くは同じ時代を生きたスポーツ記者たちだった。

　偲ぶ会の出席者には故人を悼む小冊子が配られた。その中に、紙面で冨重記者の死去を知った、北九州市在住の77歳の女性からの投稿が掲載されていた。毎日新聞読者欄の再録である。

　　私を熱くするプロ野球が間もなく開幕する。秋までは野球漬けの生活になり、翌日の朝刊に彼女の名前があるのは楽しみだった。私の老後を心豊かにしてくれた冨重記者の記事にもうお目にかかれないのは本当に残念だ。（毎日新聞2018年3月27日朝刊）

　「冨重圭以子」の署名が入った記事を毎日のように楽しみに待ち、生活の一部のように思っている。そんな読者と記者との関係が、今は薄れてきたような気がする。なぜなのか。先輩記者の死を心に受け止めながら、スポーツメディアの移ろいと失いつつあるものを感じざるを得ない。

　2008年、私は創文企画から「スポーツ報道論　新聞記者が問うメディアの視点」という本を出版した。当時は東京から大阪本社に異動して高校野球

の取材班キャップを務めていた頃だった。夏の甲子園で早稲田実－駒大苫小牧の決勝引き分け再試合があったり、特待生問題が浮上したりした時期でもあった。そんな折、「スポーツ報道論」の上梓を創文企画から提案して頂いた。私はまだ中堅クラスの記者だったが、スポーツ記者を目指す学生たちに、現場の葛藤を伝えたいと思い、2年ほどかけてスポーツ報道の現状を一冊の本にまとめた。

　あれから10年がたった。何が変わったか。10年前になかったものは何か。Twitterであり、Facebookであり、Instagram……。そして、何よりスマートフォンはまだ普及していなかった。この10年でメディア状況は激変し、世の中に飛び交う情報は、マスコミの発信するものだけでなく、個人や組織のSNSなども加わって、爆発的に増えている。

　スポーツ界をみれば、2020年五輪・パラリンピックの東京招致は決まっていなかった。アルゼンチン・ブエノスアイレスでの国際オリンピック委員会（IOC）総会で東京開催が決定したのは2013年。その後、メディアが扱うスポーツ情報は確実に広がった。空手、スポーツクライミング、サーフィン、スケートボードといった新競技だけにとどまらず、パラリンピックの各スポーツにも取材範囲は拡大している。一方、国の制度改革によって、中央競技団体の多くが公益財団法人となり、内閣府やスポーツ庁の指導を受けるようになった。助成金の使い道などをめぐって組織のコンプライアンス（法令遵守）が問題になるケースが増え、スポーツ記者は試合を伝えるだけでなく、組織の不祥事も重要な取材テーマに抱え込むことになった。日本オリンピック委員会（JOC）や競技団体、組織委員会に加え、スポーツ庁など行政の取材が必須となったのは、近年のスポーツ報道に起きた大きな変化である。

　ウェブサイトのデジタル化は動画の配信にも及び、重要な記者会見はテレビ並みにネット中継されることが増えた。記者会見が終わると、記者は質疑応答の模様を一問一答形式の文字で再現する。自分が書いた記事が拡散するよう、自らSNSでリンクを貼って記事を宣伝する。動画撮影はさすがにデジタル専門の部署がやってくれるにしても、今のスポーツ記者はあまりに忙しすぎる。

　簡単に10年の変容ぶりを並べてみたが、私は今一度、ここでスポーツ報

おわりに

道に携わる人には立ち止まってほしいと思う。この情報爆発の時代の中で、発信し続けることにばかり気を取られていることに危険を感じる。ネットの世界では量的な制限はなく、次から次へとニュースが流れていく。精力的に取材して書いた記事も、すぐさま新しい記事の中に埋もれ、消えてしまう。

本書はこんな時代を強く意識して書いた。調査や取材の過程で大切だと考えたのは、歴史を改めてたどることである。戦前の飛田穂洲や大島鎌吉らの時代を調べていくと、今の時代に重なる部分が見えてくる。不安定な国際情勢と戦争の足音、国威発揚をにじませる五輪招致、野球人気と政府の弾圧。立ち止まって考えるには、歴史に学ぶしかない。そうして過去の足跡を紐解くと、それぞれの時代に、スポーツ界のオピニオンリーダーともいえる「顔」が存在したことが分かる。

2017年から再び大阪本社勤務になり、阪神甲子園球場を訪れると、取材ゾーンの通路で日本高校野球連盟の古参理事に呼び止められた。投げ掛けられたのは「最近、だれがどんな記事を書いているのか、記者の顔が見えない。今の状況に風穴開けて、なんとかせんといかんよ」という耳の痛い指摘だった。見ている人は見ている、と痛感した。

単なる記者の努力不足ではないと思う。メディアの激変がそうさせたのではないか。我々を取り巻く環境や仕組みに何か問題点があるのではないのか。本書を書くにあたって調べていくと、それを確信するようになった。もはや米国では人工知能に記事を書かせる試みが始まっている。記者は機械に取って代わることのできる仕事なのか――。

水戸で支局長をしていた頃、社会人大学院生として茨城大学の大学院に入り、夜間の授業に通ってメディア文化を学んだ。メディア論の大家、マーシャル・マクルーハン[16]（1911－80）が語った「メディアはメッセージである」という有名な話も大学院で教わった。メディアは情報を運ぶだけの空の箱でない。メディアそのものがメッセージを持ち、同じ情報でもメディアによって伝わり方は変わってくる。同じ音楽を聴くのであっても、アナログのレコードとデジタルのCDでは印象が異なるし、同じ曲をライブで楽しむのはもっと違う。同じように、スポーツ情報もテレビと新聞では伝わり方が異なるし、インターネットでもまた違う。インターネットでもYahoo!で知る

のと Twitter で伝わってくるのではまた異なる。そして、メディアに身を置く記者たちも、情報を伝えるだけの「空の箱」ではなく、それぞれの思いを記事に込めている。

　世界の距離と時間を一気に縮めたインターネットが、世界のメディアの中心になろうとしている。紙媒体やテレビ媒体が中心だった頃とは、異なる時代に突入したのは当然である。だが、それでも時代を超えた接点があるはずだ。そんな思いで共通項を探し求めた。

　17 世紀中頃、英国・ロンドンではコーヒー・ハウスが流行の場となった。コーヒーを飲むだけでなく、そこには政治や経済などあらゆる情報が集まった。情報を得たいと思う者たちが集い、ここで新聞が配られる。情報が集まる場所だから記者もやってくる。それが英国におけるジャーナリズムの基盤となった。

　現代のインターネット空間は、コーヒー・ハウスの役割を果たしているといえるのかも知れない。ところが、あまりにも膨大な情報ゆえに、何が正しいのか、間違っているのかを示す役割の者がいない。やはり、玉石混交の善し悪しを見極める「鑑定人」が必要である。冒頭の話に戻れば、冨重記者は週１回のコラムの中で、スポーツ界に起きた事象の見極めを果たしていたのではないか。今、スポーツメディアに求められているのは、そんな「鑑定人」である。

　本書は大学院時代の修士論文の構成を変え、大幅に加筆・修正したものである。大学院では新聞記者としての現場からは少し離れ、メディア文化という観点から現在のスポーツ報道を客観的に眺めてみた。ご指導頂いた村上信夫教授、古賀純一郎教授、高野光平教授にはこの場を借りて感謝申し上げたい。また、再び出版の機会を頂いた創文企画の鴨門義夫さん、鴨門裕明さんにも改めてお礼を述べたいと思う。新時代のスポーツ報道を見据えたものを書きたいと思いつつ、考えが長くまとまらなかったが、古くからの歴史をたどり、原稿を何度も何度も書き直しているうち、やっと目の前の靄が晴れてきた気がしている。

2018 年 8 月 16 日　滝口隆司

滝口隆司（たきぐち・たかし）略歴

1967年、大阪府生まれ。関西大学を卒業し、90年毎日新聞社入社。運動部記者として4度の五輪のほか、野球、サッカー、ラグビーなど幅広く担当。運動部編集委員、水戸支局長を経て2017年から大阪本社運動部長。連載「五輪の哲人　大島鎌吉物語」で14年度のミズノスポーツライター賞優秀賞。著書に「スポーツ報道論　新聞記者が問うメディアの視点」（創文企画）。茨城大大学院の人文社会科学研究科修士課程でメディア文化を学び、18年春に修了。

情報爆発時代のスポーツメディア
―報道の歴史から解く未来像―

2018年11月20日　第1刷発行

著　者	滝口　隆司
発行者	鴨門　裕明
発行所	㈲創文企画

〒101-0061
東京都千代田区神田三崎町3―10―16　田島ビル2F
TEL：03-6261-2855　FAX：03-6261-2856
http://www.soubun-kikaku.co.jp

装　丁　　オセロ
印刷・製本　壮光舎印刷㈱

©2018 THE MAINICHI NEWSPAPERS
ISBN978-4-86413-113-1　　　　　　　　　Printed in Japan